JN076174

# 知ってる英語で何でも話せる！

# 発想転換トレーニング

## トレーニング

田尻悟郎

コスモピア

# は じ め に

　私は元中学校の英語教員で、今は小学生から大学生まで英語を教えています。ライティングを添削していると、私も次々と課題を突きつけられます。

　あるとき、中３男子の作文を添削していたのですが、彼は「テレビを見過ぎると生活のリズムが崩れる」を英語にしようとしていて、それがなかなかできなかったようです。私も頭をひねりました。こういうときに、ネイティブはどう言うんだろうと思います。そのとき私の頭に浮かんだのは、

Watching TV too much will mess up your biological clock.
If you watch TV too much, your body clock will be messed up.
If you watch TV too long, you'll mix up day and night.
Too much TV would disrupt the rhythm of your life.

などでしたが、中学レベルに落とせませんでした。あとで考えると、
If you watch TV too much, you will lose the rhythm of your life.
ぐらいを教えてあげて、「学校で外国人英語指導助手の先生にそれで通じるか、正しくはどう言うか尋ねてみて」と言えばよかったかなと思いました。

　私はその数日前に、大阪の準キー局である朝日放送が制作する人気番組『おはよう朝日です』の「英語学習のウソ・ホント」というコーナー

に出演する機会をいただきました。そこで、「英語をマスターするには、留学が一番の近道だ！」は嘘か本当かと尋ねられた際に、「英語ネイティブとの会話を録画しておき、それをバイリンガルの人と一緒に見て反省会をすると日本に居ながらにして英語力が伸びる」ことをお伝えしました。聞き取れなかったところと言えなかったところを確認し、なぜ聞き取れなかったのか、どう言えばよかったのかを日英両語が堪能な人やバイリンガルの人に教えてもらい、納得してからそれらの文を覚えると、聞き取れる文や言える文が増えていくからです。「生活のリズムが崩れる」ことも、ネイティブが近くにいたら、私にとっても学びの機会になったと思います。

　放送の後半では、バナナ、グレープフルーツ、レモン、ブドウの4種類の果物の中で、他と違うものをひとつ選び出すという活動（The Odd One Out）を行ったのですが、漫才師である和牛の水田信二さんがレモンと答え、「レモンは何にでも合うから」と言われました。着眼点が面白い！　と思ったと同時に、「これを英語で表すとどうなるかな。Lemons go well with various dishes. ぐらいかな？　いや、レモン果汁だから無冠詞単数形でええか。various dishes も any food のほうがええか。よし、Lemon goes (well) with any food. と訳そう」などと思いを巡らせていましたが、皆さん次々と自由に発言されるので、水田さんの発言を英訳する機会を失ってしまいました。

その後、司会の岩本計介さんに「その発想を英語にどうつなげていくんですか」と尋ねられたときも、「1個ずつでいいから単語を増やしていくんですね」と、答えにならないような回答をしており、録画を見て赤面しました。本当は、「自分が知っている語句でどう表すかを考えます」と言うべきだったのに。コメディアンのみなさんは頭の回転が速く、即興の発言が面白いですし、司会の岩本さんも仕切りがうまく、CMにつなげる残り数秒間で発言をまとめられるのを見ていると、どの世界も頭を使うことと経験がモノを言うことを改めて感じました。

　また、生放送の番組で瞬時に翻訳できるのは、パックン（パトリック・ハーランさん）のようなバイリンガルレベルであって、モノリンガルである私は、確信できないときはその場で辞書を引いて確認し、何とか通じさせた上でネイティブに「本当はどう言うんですか」と尋ね、正しい英文を教えてもらって、それをひとつずつ覚えてきましたと、テレビで正直に伝えるべきだったなと思いました。留学もしたことがない、英語ネイティブでない人間はこうして積み上げていくしかないという実態を見てもらえますので。ただ、時間もなかったので、その日の放送ではそのまま流すしかなかったのかなと自分を慰めています。

　本書では、英語に直訳しにくい日本語の文をたくさん紹介し、それをどのような日本語に言い換えてから英語に直すかという「発想力」を

鍛える問題をたくさん載せています。そして、その言い換え案を示したあとで、ネイティブの回答を載せています。まずはどう言えば相手に伝わるかを考え、その上でネイティブはこう言うという英文を見ることで、Aha! 体験をしていただきたいと思います。私が放送でご紹介した「何とか通じさせた上で、ネイティブはどう言うのかを教えてもらう」という学習法を、紙面を通して読者のみなさんに体験していただきたいというのが本書の主旨です。

　なお、本書の執筆をすすめてくださった上に、完成まで5年半も粘り強く支援してくださったコスモピアの坂本由子さんを始め、たくさんの方々のお世話になりました。心より御礼申し上げます。

　では、早速問題にチャレンジしてみてください！

2021年　4月吉日
田尻悟郎

# Contents

## Part 1

### ウィークポイントを自己診断！

## Part 2

### すべての基礎は語順にあり！

## Part 3

### 日本語を英語に発想転換するために知っておきたい5つの方法

# 本書の基本的な考え方

## 留学しなければ英語は話せないの？

『おはよう朝日です』でこの質問を受けたとき、私は「若い人はぜひ留学してください」と言った上で、「留学すれば必ず英語ができるようになるということはありません」と答えました。留学には様々なメリットがありますので積極的にすすめてはいるのですが、英語をマスターしたいので語学留学をしたいという人に対しては、以下のように言っています。

「留学するのであれば、その国の政治、経済、文化などを知り、現地の人と交流し、そこでしかできない体験をすることが大切。どの大学に行き何を学ぶかが定まったら、行けばいい。何を学ぶかが目的であって、英語はそれを学ぶ手段。だから、英語をマスターすることを主たる目標にするべきではない。日本にいても十分英語の勉強はできるからね」

英語が話されている国に住むと、確かに英語力は上がります。特にリスニングの力は向上します。英語の語彙が増え、スピードや音の連結、同化、脱落、崩れなどにも慣れてくるからです。しかし、それと比較するとスピーキング力の向上曲線はゆるやかです。

アジアのある国から日本に来て介護士の免許を取ろうとしている人が、あなたの近くにいると想像してみてください。あなたはその人と一緒に働いており、日本語でコミュニケーションを取っています。その人は一生懸命に日本語を勉強していますが、まだまだ発展途上です。あなたはその人に対して、「発音がおかしい」とか「表現が間違っている」などといちいち指摘しますか。それとも、相手が言おうとしていることを何とか理解しようと努めるでしょうか。おそらく後者であると思われます。

そして、その人の頑張りをたたえ、「だいぶん日本語が上手になってきたね」と褒めることすらあるでしょう。つまり、頼まれない限り、そして時間が取れない限り、その人のスピーキング力向上のために間違いを指摘し、修正してあげることはないと思います。

　アメリカ、カナダ、イギリス、オーストラリア、ニュージーランドなど、英語が公用語である国は、移民の国家でもあります。そこでは、英語が母語でない人がたくさん暮らしており、職場にも英語が堪能でない人がたくさんいます。そこでそのつど発音や表現の間違いを指摘していたら、仕事が停滞してしまいます。ですから、社外に発信する文書（ライティング）には修正が入っても、スピーキングのミスはほとんど指摘されることはないのです。

　私は島根県人ですが、現在は仕事で大阪に住んでいます。せっかく大阪で生活しているんだから、大阪弁も身につけたいと思って練習していますが、簡単ではありません。つまり、大阪に住んでいるだけで大阪弁が堪能になるわけではないのです。

## モ デルを真似る
## →間違いを指摘してもらう
## →修正して覚える

　その経験から、方言を含めて自分の母語でない言語を覚えるときは、「モデルを参考にして真似をし→間違いを指摘してもらい→それを修正してもらい→覚える」という作業が不可欠だと思います。

　しかし、間違いを指摘してもらうためには、まず言いたいことが伝わらないといけません。何を言いたいかわかってもらえない状態では、間違いを指摘してもらうこともアドバイスをもらうこともできないからです。

本書では、

**❶ 何とかネイティブに自分が言いたいことをわかってもらえる
　レベルの英語**
**❷ 少しレベルが上がった英語**
**❸ ネイティブレベルの英語**

に分けてご紹介していきます。まずは、中学レベルでいいので通じる英語を目指してください。それから高校で学習した豊かな表現を思い出し、なるべくかっこよく言ってみてください。そして、最後にネイティブの表現を読んでみてください。「あー、それ習った！」と叫んだり、「無生物主語か！　この感覚がまだ足りないなあ」などの感想を持たれたりすると思います。

　私も原稿を書いたあとのネイティブチェックでは、よく声を上げます。単純ミスもありますが、なるほどなあと思う指摘をたくさん受けます。こういう体験を積み重ねてこそ、英語力もつくと思います。問題集をたくさんやるのはインプットになりますが、アウトプットしてみて初めて自分の理解度がわかりますし、そのアウトプットの間違いを指摘・修正されたときに上達の道筋が見えてくるのです。

# 言葉を置き換える

　自分が言いたいことをわかってもらうためには、最も適した表現を選び出さなければなりません。

## ① すっぽかす

　例えば、「すっぽかす」を英語でどう言いますか？
　これは、「仕事をすっぽかした」のか、「約束をすっぽかした」のかで、表現が変わってきます。仕事ならば「サボった（skipped）」という意味になります。約束であれば「破った（broke）」となります。このように、

意味を損ねず他の表現で言うとどうなるんだろうと考えることが、英会話のコツのひとつです。

## ② 初志貫徹

では、「初志貫徹」はどう置き換えますか？「最初に持った志を貫き通すこと」などと書き換えてしまうと、志ってどういうの？　とか、貫き通すってどう言えばいいんだろう、などと深みにはまってしまいます。

書き換えに際して注意すべきことは、極力簡単に、そして自分が知っている語句を使って同じ意味を表現することです。となると、初志貫徹は「最初に決めた目標を最後まで持ち続けること」とすれば、中学レベルの英語でもいけそうです。What does *shoshikantetsu* mean? と尋ねられたら、It means to achieve your [one's] original goal. と言ってみましょう。

## ③ 抜本的な改革が必要だ

次に、「うちの会社は抜本的な改革が必要だ」と言いたいとき、「抜本的」をどう表しますか。「抜本」とは、「災いなどの根本的な原因を取り除くこと」を意味していますが、それを英語で言うことは難しそうですね。そんなときは、他の表現に置き換えてみましょう。

「抜本的」は、「基本的な」とか「思い切った」などと交換できそうですね。そうなると、basic や fundamental、drastic などが思い浮かぶでしょう。「あー、ドラスティックか！」と叫ぶことは、脳の活性化につながりそうですね。その上でネイティブに聞くと、Our firm needs to make radical reforms. などと言われ、「おお！」とか「へえ」という声が出てきそうです。これが、本書のねらいでもあります。

## 言葉を感じる

例えば、「〜に参加する」は take part in...、「〜を探す」は look for... という熟語だと覚えてしまい、日本語と英語の間で言葉を変換すること

だけをしていると、言葉の持つ本来の意味を感じ取れなくなってしまいます。なぜ take part と言うのだろう、なぜ look for なんだろうと考えてみると、言葉の勉強の面白さが感じられますよ。

## take part in を感じる

　仮にあなたが住む地域でイベントをすることになったとします。あなたも何か手伝ってくれと言われ、イベントの一部を受け持つことになりました。これを英語では、take part in the event、すなわち「競技に参加することも含めて、そのイベントの中の一部を引き受ける」と言います。

　「～に参加する」という意味を表すもうひとつの表現が、participate in... です。これは、parti（部分）＋ cipate（取る）が合体したもので、take part in... と同じ「～の一部を取る」という構造になっています。

## look for を感じる

　look は「目を向ける、視線を持っていく」という意味の動詞で、for... は「～を求めて」という意味の前置詞です。この for は wait for...（～を求めて待つ）や ask for...（～を求めてお願いする）の for と同じ意味で使われています。ですから、英語ネイティブの人にとっては、I'm looking for my wallet. は「私は自分の財布を求めて視線を向けている」という意味なのです。日本語の表現でこれに最も近いのは、「私は自分の財布を探しています」となるので、結果的には「look for... ＝～を探す」となるのです。

　なお、360 度の方向に視線を向けると look around（見渡す）となります。また、目を向ける先がある一点に絞られたとき、look at...（～に視線を向ける）となります。at は焦点が絞られたときに使う語で、360 度ある時計盤の 7 のところに焦点が絞られると、at seven と言います。このように、一つひとつの語をかみしめてみることが言語感覚を磨きます。

## 語の構成要素を感じる

　anticipate という語は、anti（先に、前に）＋ cipate（取る）という構造の語で、この anti は antique（古風な、古美術品）やイタリア料理

の前菜である antipasto などに含まれる接頭辞です。長い単語は、いくつかのパーツでできていますので、それぞれがどういう意味なのかを考えてみると面白いですよ。

　例えば、untouchable は un（不）＋ touch（触れる）＋ able（〜することができる）＝「触れることができない」という成り立ちです。また、encyclopedia は en（中に）＋ cyclo（循環）＋ pedia（子どもを育てる、教育する）＝「全面的な教育＝百科事典」という構成であり、cycle（循環）や cyclone（サイクロン、旋回しながら移動する低気圧）、pedagogy（教育学）、pediatrician（小児科医）などと関係があります。Mediterranean Sea は medi（真ん中の）＋ terra（地面）＋ nean ＋ Sea（海）＝「真ん中地面海＝地中海」という成り立ちで、medium（中くらいの）や terrain（地域、地形）、terrace（台地、テラス）などと親戚です。

　語源やコア理論（語の核となる意味をとらえて活用する理論）に関する書籍はたくさん出版されており、読むたびに「へえ」や「なるほど！」を連発してしまいます。おすすめですよ。

## 頭 に浮かんだ日本語を英語に直しやすい日本語に置き換える

　言語感覚が豊かな人は、直訳するのではなく、頭や心の中にあることを言葉に置き換えるときに、一番しっくりくる表現を探します。この「直訳しない」ことが、スピーキングやライティングという英語のアウトプット活動ではとても重要なポイントとなります。英語と日本語では、1対1対応していない表現がたくさんあるからです。

　直訳できない表現は、まず別な日本語の表現に言い換え、それから英語に直していきます。この、「頭に浮かんだ日本語を英語に直しやすい日本語に置き換える」テクニックが、英語で書いたり話したりする際には必要となりますが、学校英語ではそれをほとんど教えていません。本書では、そのテクニックをたっぷりとご紹介いたします。

# 本書の構成と使い方

## Part 1 ウィークポイントを自己診断！

　大きく３つの問題が出題されます。出題には、どこがポイントになるかが示されているので、できなかったところが弱点になります。実際にやってみて、ご自分の弱点を把握してみてください。

１～２文を日本語にする問題

日本的な事物を英語で説明する問題

イラストを見て、違いを英語で説明する問題

問題のポイントに沿った解答例

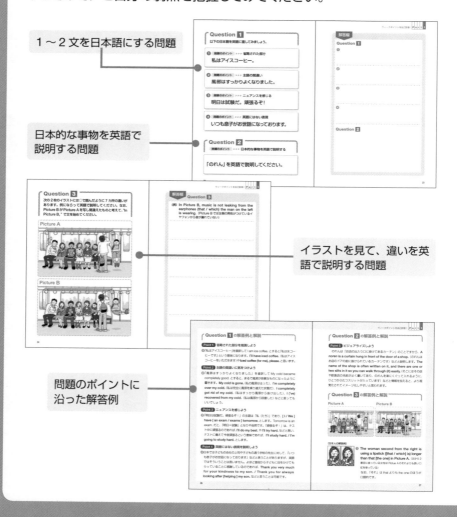

# Part 2 すべての基礎は語順にあり!

　基礎的な語順表を簡単に説明するパートです。4つの基本的な文型を表す語順表と、名詞を修飾して、名詞句や名詞節をつくる後置修飾の語順表を扱います。詳細については、本書付属の電子版（p.20を参照）の巻末をご参照ください。

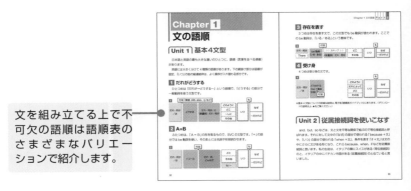

文を組み立てる上で不可欠の語順は語順表のさまざまなバリエーションで紹介します。

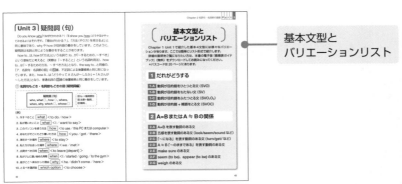

基本文型と
バリエーションリスト

# Part 3 日本語を英語に発想転換する ために知っておきたい5つの方法

　「同時通訳和英順」、「主語を見つける」、「和文和訳」、「発想をまった
く変える」、「日本独自のものを説明するための6つの方法」の5つの
項目を、実際に問題を解きながら解説します。

この chapter の目的と解説

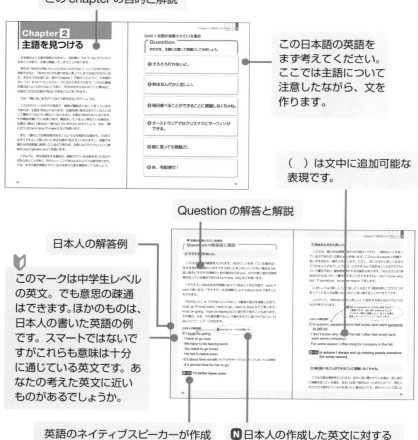

この日本語の英語を
まず考えてください。
ここでは主語について
注意したながら、文を
作ります。

（　）は文中に追加可能な
表現です。

Question の解答と解説

日本人の解答例

このマークは中学生レベル
の英文。でも意思の疎通
はできます。ほかのものは、
日本人の書いた英語の例
です。スマートではないで
すがこれらも意味は十分
に通じている英文です。あ
なたの考えた英文に近い
ものがあるでしょうか。

英語のネイティブスピーカーが作成
した例文。英訳ではありません。

Ｎ 日本人の作成した英文に対する
ネイティブスピーカーのコメント

# Part 4 日本語から英語へ
## 発想転換トレーニング

　「日常会話」、「季節ネタ」、「日本独自のもの」、「四文字熟語」の４つの観点から発想転換トレーニングをします。頭の体操のつもりで、Part 3 で学んだテクニックを駆使して自由に発想して英文を作ってください。実際に問題を解きながら解説します。ひとつの日本語の文に対して、いくつもの解答例が示されています。皆さんの意思を通じさせる表現はひとつではないことを実感してください。

　最後は Chapter 5 の「総合トレーニング　ある高校生の日記から」で総仕上げです。

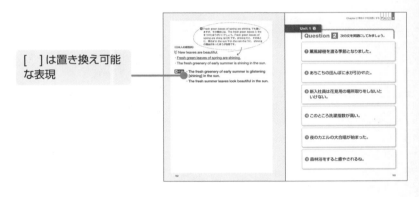

[ ] は置き換え可能
な表現

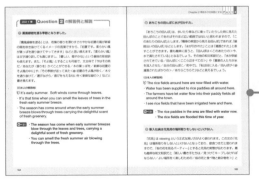

まず、自分なりにこの日本
語を英文にしてみましょう。
あなたの発想に近い解答例
が見つかるでしょうか？

# ◀)) 音声ファイル番号表

# 音声を聞くには

## [無料]音声ダウンロードの方法

簡単な登録で、音声をスマートフォンや
PC にダウンロードできます。

### 方法1 ストリーミング再生で聞く場合

**面倒な手続きなしにストリーミング再生で聞くことができます。**

※ストリーミング再生になりますので、通信制限などにご注意ください。
　また、インターネット環境がない状況でのオフライン再生はできません。

このサイトに
アクセスするだけ！　**http://tiny.cc/hasso**

**❶** 上記サイトに**アクセス！**

**❷** アプリを使う場合は
SoundCloud に
アカウント登録（無料）

### 方法2 パソコンで音声ダウンロードする場合

パソコンで mp3 音声をダウンロードして、スマホなどに取り込むことも
可能です。（スマホなどへの取り込み方法はデバイスによって異なります。）

**❶** 下記のサイトにアクセス

https://www.cosmopier.com/download/
4864541619/

**❷** パスワードの「CX3628」を入力する

音声は PC の一括ダウンロード用圧縮ファイル（ZIP 形式）でのご提供です。解凍して
お使いください。

# 電子版の説明とご利用の方法

## 音声ダウンロード不要
## ワンクリックで音声再生!

本書ご購入者は
電子版を無料でダウンロード
して、テキストを見ながら音
声も聞くことができます。
巻末に「語順表」の詳細
説明があります。

> **Question 1**
> 以下の日本語を英語に直してみましょう。
>
> ❶ 問題のポイント ▶▶▶ 省略された部分
> 私はアイスコーヒー。
>
> ❷ 問題のポイント ▶▶▶ 主語の間違い
> 風邪はすっかりよくなりました。
>
> ❸ 問題のポイント ▶▶▶ ニュアンスを感じる
> 明日は試験だ。頑張るぞ!
>
> ❹ 問題のポイント ▶▶▶ 英語にはない表現
> いつも息子がお世話になっております。
>
> **Question 2**
> 問題のポイント ▶▶▶ 日本的な事物を英語で説明する
>
> 「のれん」を英語で説明してください。

## 電子版ダウンロードには
## クーポンコードが必要です

詳しい手順は下記をご覧ください。
QR コードよりアクセスも可能です。

電子版：無料引き換えコード
**tnkn34**
有効期限：2025 年 12 月 31 日

ブラウザベース（HTML5 形式）でご利用いた
だけます。

★スターティアラボ社 ActiBook電子書籍
（音声付）です。

●対応機種
・PC（Windows/Mac） ・iOS（iPhone/iPad）
・Android（タブレット、スマートフォン）

電子版
無料

## 電子版ご利用の手順

❶コスモピア・オンラインショップにアクセスしてください。
（無料ですが、会員登録が必要です）

**https://www.cosmopier.net/**

❷ログイン後、カテゴリ「電子版」のサブカテゴリ「書籍」
をクリックしてください。

❸本書タイトルをクリックし、「カートに入れる」をクリックしてください。

❹「カートへ進む」→「レジに進む」と進み、「クーポンを変更する」をク
リックしてください。

❺クーポンコード欄に本ページにある無料引き換えコードを入力し、「確
認する」をクリックしてください。

❻0 円になったのを確認して、「注文する」をクリックしてください。

❼ご注文完了後、「マイページ」に電子書籍が登録されます。

# Part 1

## ウィークポイントを自己診断！

## Question 1

以下の日本語を英語に直してみましょう。

**1** 問題のポイント ▶▶▶ 省略された部分

私はアイスコーヒー。

**2** 問題のポイント ▶▶▶ 主語の間違い

風邪はすっかりよくなりました。

**3** 問題のポイント ▶▶▶ ニュアンスを感じる

明日は試験だ。頑張るぞ！

**4** 問題のポイント ▶▶▶ 英語にはない表現

いつも息子がお世話になっております。

## Question 2

問題のポイント ▶▶▶ 日本的な事物を英語で説明する

「のれん」を英語で説明してください。

## 解答欄

# Question 1

**①**

----------

**②**

----------

**③**

----------

**④**

----------

# Question 2

# Question 3

次の 2 枚のイラストには 7 カ所の違いがあります。例に
ならって英語で説明してください。なお、Picture B が
Picture A を写し間違えたものと考えて、"In Picture B,"
で文を始めてください。

## Picture A

## Picture B

**解答欄** Question 3

〔例〕 In Picture B, music is not leaking from the earphones (that / which) the man on the far left is wearing. （Picture B では一番左側の男性がつけているイヤフォンから音が漏れていない）

# **Question 1** の解答例と解説

### **Point 1** 省略された部分を推測しよう

❶「私はアイスコーヒー」を直訳して I am ice coffee. とすると「私は氷コーヒーです」という意味になります。**I'll have iced coffee.**（私はアイスコーヒーをいただきます）や **Iced coffee (for me), please.** と言います。

### **Point 2** 主語の間違いに気をつけよう

❷「風邪はすっかりよくなりました」を直訳して My cold became completely good. とすると、まるで風邪が良質なものになったように響きます。**My cold is gone.**（私の風邪は去った）、**I'm completely over my cold.**（私は完全に風邪を乗り越えた状態だ）、**I completely got rid of my cold.**（私はすっかり風邪から抜け出した）、**I ('ve) recovered from my cold.**（私は風邪から回復した）などと言ってもいいでしょう。

### **Point 3** ニュアンスを感じよう

❸「明日は試験だ。頑張るぞ！」の主語は「私（たち）」であり、**[ I / We ] have [ an exam / exams ] tomorrow.** とします。Tomorrow is an exam. だと、「明日＝試験」となり不自然です。「頑張るぞ！」は、テスト中に頑張るのであれば、**I'll do my best.** や **I'll try hard.** などと言い、テストに備えて今夜頑張るという意味であれば、**I'll study hard. / I'm going to study hard.** とします。

### **Point 4** 英語にはない表現を説明しよう

❹日本では子どもの会社の上司や子どもの通う学校の先生に対して、「いつも息子がお世話になっております」などと言うことがありますが、英語ではそういうことは言いません。よほど普段から子どもに目をかけてもらっていることに感謝しているのであれば、**Thank you very much for your kindness to my son. / Thank you for always looking after [helping] my son.** などと言うことは可能です。

# Question 2 の解答例と解説

## Point 5 ビジュアライズしよう

　のれんは「お店の出入り口に掛けてあるカーテン」のことですから、**A noren is a curtain hung in front of the door of a shop.**（のれんはお店のドアの前に掛けられているカーテンです）などと説明します。**The name of the shop is often written on it, and there are one or two slits in it so you can walk through (it) easily.**（そこにはその店や飲食店の名前がよく書いてあり、のれんを楽にくぐって入れるように、ひとつかふたつスリットが入っています）などと情報を加えると、より視覚化されてイメージ化しやすいと思われます。

# Question 3 の解答例と解説

**Picture A**

**Picture B**

〔日本人の解答例〕　以下、すべて左が Picture A、右が Picture B のイラストです。

❶ **In Picture B, the woman second from the left is using a lipstick ([that / which] is) longer than that [the one] in Picture A.**（Pictue B では、左から 2 番目に座っている女性は Pictue A のそれよりも長い口紅を使っている）

なお、「それ」は that よりも the one のほうが口語的です。

**❷** In Picture B, the man third from the left is reading a newspaper ([that / which] is) folded into quarters. （Pictue B では、左から 3 番目の男性は四つ折りにされた新聞を読んでいる）

**❸** In Picture B, the woman fourth from the left is sitting with her left hand on top of her right one. （Pictue B では、左から 4 番目の女性は左手を右手の上に置いて座っている）

**❹** In Picture B, the girl's mouth is closed. （Pictue B では、女の子の口が閉じている）

**❺** In Picture B, the man holding on to the strap is carrying a backpack (on his back). （Pictue B では、吊り革につかまっている男性はバックパックを背負っている）

**❻** The boy on the right is hanging on the rings with his legs parallel to the floor. （Pictue B では、右側の男の子は足を床に平行にしてつり革にぶら下がっている）

## 解説

### Point 6 後置修飾を使いこなそう

　24 ページのイラスト中には複数の人がいるので、どの人について言っているのかを明確にするために修飾語句を使いますが、この「後置修飾」は私たちが最も苦手とするもののひとつではないでしょうか。

　例えば、「右側の男性」は the man on the right と言います。the right man と言うと、「ふさわしい人」という意味に取れます。同様に「左側の男性」は the man on the left です。the left man は「置き去りにされた男」とも受け取れます。

　模範解答例では、the earphones (that / which) the man on the far left is wearing という名詞節が使われていますが、このように「一番左側の男性がつけているイヤフォン」は、英語では「そのイヤフォン《（もう少し詳しく説明するとそのイヤフォンを）その男性＜一番左側の＞がつけている》」という語順になります。

　❶ でも a lipstick ([that / which] is) longer than that (the one) in Picture A という名詞節が使われています。than Picture A とすると Picture A 全体と比較することになってしまいますので、「Picture A の中のそれよりも」という意味の than that (the one) in Picture A とします。

　また、❷ の「四つ折りにした新聞」も、「ひとつの新聞＜四つに折られた＞」という後置修飾を含む名詞句や節で表します。

### Point 7 　現在形と現在進行形を区別しよう

　このイラストの人物は「一時的な動作」をしています。したがって、それらの動作は現在進行形で表します。これを、read(s)、sit(s)、hang(s) などと現在形で表すと、普段からそれらの行為をしていることを含意してしまいます。現在形と現在進行形を区別しましょう。

### Point 8 　動作と状態を区別しよう

　次に、❹ の寝ている女の子の「口が閉じている（開いている）」というのは、動作ではなく状態ですので形容詞で表します。closed は形容詞で open の対義語です。

### Point 9 　付帯状況の with を使いこなそう

　❸ の「左手を右手の上に添えて」は、それぞれ「座っている」の付帯状況です。このようなときは「with ＋名詞＋形容詞 [ 分詞／副詞／前置詞句 ]」

などを使います。

あなたの
ウィーク
ポイントは?

## Self-Checkのまとめ

　「言いたいことを英語でうまく伝えられなかった」、「何とか英語で言ってみたのだが通じなかった」というのは、だれしも経験があることでしょう。

　皆さんが今までに習得した日本語の語句や表現は、英語のそれよりもずっと多いはずです。したがって、言いたいことが自分の持っている英語の語句や表現で表せないことも多いと思います。そういうときは、まず言いたいことをよりやさしい日本語に直してみることです。それを英語の語順に直せば、かなりのことを英語で表すことができるようになります。

　また、日本語ではよく主語が省略されますが、英語では主語がないと命令文になってしまいます。「花粉症はこの薬が効く」のように、「は」や「が」がついていて主語に思える語句が複数ある場合がよくありますので、英語を話すときには主語が何であるべきかを常に考えなければなりません。

　自分が話す英語が通じないという場合、語句の選択を間違っている可能性もあります。和英辞典を引いて目に入った定義をそのまま使うと、よくこの現象が起きます。文例をしっかり読み、英和辞典も参照し、言葉のニュアンスを感じ取る習慣を身につけましょう。

　そして、何かを説明したり描写したりしようと思うと、後置修飾は欠かせませんし、「付帯状況の with 」も大活躍します。そういうポイントを押さえると、英会話力が向上しますよ!

# Part 2

## すべての基礎は
## 語順にあり！

# Chapter 1
# 文の語順

## Unit 1 基本4文型

　日本語と英語の最も大きな違いのひとつに、語順（言葉を並べる順番）があります。

　英語には大きく分けて4種類の語順があります。下の網掛け部分は語順が固定、『いつ』の前の縦連続枠は、よく順序が入れ替わる部分です。

### 1 だれがどうする

　ひとつめは『だれが→どうする～』という語順で、『どうする』の部分で一般動詞を使う文型です。

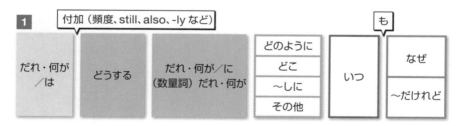

### 2 A＝B

　ふたつめは、「A＝B」の形を取るもので、SVCの文型です。「＝」の部分ではbe動詞を使い、そのあとには名詞や形容詞がきます。

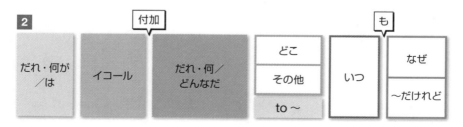

## 3 存在を表す

　3つめは存在を表す文で、この文型でも be 動詞が使われます。ここでの be 動詞は、「いる／ある」という意味です。

## 4 受け身

　4つめは受け身の文です。

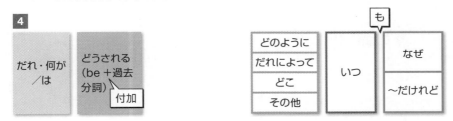

※基本4文型についての詳細な説明は、電子版（無料）巻末にあります。（電子版のダウンロードの説明は p.20 をご覧ください。）

# Unit 2 従属接続詞を使いこなす

　and、but、so などは、文と文を平等な関係で結ぶので等位接続詞と呼ばれます。それに対して文中の『なぜ』の部分で使われる「because＋文」や、『いつ』の部分で使われる「when＋文」、条件を表す「if＋文」は文の中にさらに文がある形になり、これら because、when、if などを従属接続詞と言います。私の生徒は、イタリアの隣にスイスがある（等位接続詞）のと、イタリアの中にバチカン市国がある（従属接続詞）のと似ていると言いました。

I study English hard at home every day because most meetings are held in English at my office. （私の会社ではほとんどの会議が英語で開かれるため、私は毎日自宅で一生懸命英語を勉強しています）

という文は、次のような構造になっています。

**1 だれがどうする**

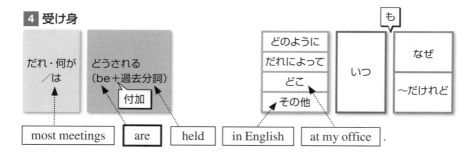

そして、because 以下は受動態の文なので、4 番目の文型です。

**4 受け身**

『その他』は「だれ・何のために／目的で／にとって／を求めて [for who(m), for what]」、「だ れ・何なしで [without who(m), without what]」、「だれ・何について [about who(m), about what]」、「だれ・何のことを [of who(m), of what]」、「だれ・何が原因で [for who(m), for what]」、「何語で [in that language]」、「だれ・何と一緒に／伴って [with who(m), with what]」、「だれ・何に対して [to / at / with / against who(m), to / at / with / against what]」、「だれ・何より [than who(m), than what]」、「だれ・何のうちで [in 単数名詞 , of 複数名詞 ]」、「だれ・何と同じくらい [as who(m), as what]」、「どんな行事・機会・点で／に [at / for / in what]」、「何として [as who(m), as what]」など、「前置詞＋疑問詞」になる仲間です。

# Unit 3 不定詞を使いこなす

　to 不定詞は、使われる場所によって意味が異なります。

　下記の **1** の文型の主語である『だれ・何が／は』や、目的語の『だれ・何を／に』、あるいは **2** の文型の補語である『だれ・何』などの場所で使われると、「〜すること」（名詞的用法）という意味を持ちます。

　『なぜ』の場所で使われる to 不定詞は、**1**、**3**、**4** の文型では「〜するために」「〜しに」などと訳し、**2** の文型では「〜して」（副詞的用法）などと訳します。

## 1 だれがどうする

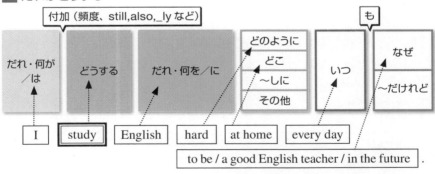

将来よい英語の教員であるために

　この例文の『なぜ』の部分で使われている to be a good English teacher in the future という表現の to 以下に注目してみると、**2** の文型の語順になっていることがわかりますね（次ページ参照）。これが「〜するために」と訳される不定詞の例です。

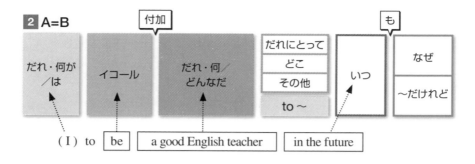

（ I ） to ｜ be ｜ a good English teacher ｜ in the future

もうひとつ、**2** の文型の英文を見てみましょう。

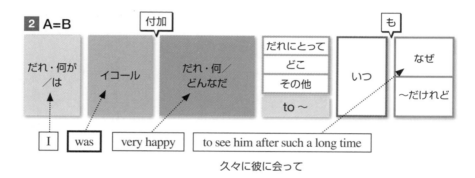

I ｜ was ｜ very happy ｜ to see him after such a long time

久々に彼に会って

この例文では、『なぜ』の部分で使われている to see him after such a long time とう表現の to 以下は、**1** の文型の語順です。

### **1** だれがどうする

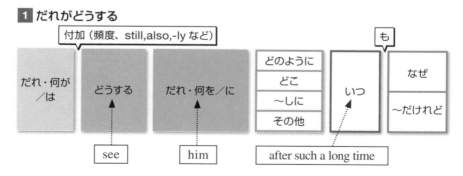

see ｜ him ｜ after such a long time

Unit 2 でご紹介した従属接続詞の because、when、if、あるいは while（〜の間）、after（〜のあとで）、before（〜の前に）、as soon as（〜

するとすぐに）などは、その直後に「主語＋動詞」がきますが、to の直後は原形の動詞がきます。つまり、to の直後は主語が省略されるのです。これは、to の直後の動詞はその文の主語である人などが行った行為と決められているので、主語をつける必要がないからです。前述の**1**の例文、I study English hard at home every day <u>to be a good English teacher in the future</u>. は、主語が「私」であり、将来よい英語の先生であるのも「私」なのです。

　一方、because や if、when など接続詞の直後は主語が決まっていないので、「だれ」が「どうした」のかを述べなければなりません。I study English hard at home every day <u>because most meetings are held in English at my office</u>. という文では、「ほとんどの会議」が英語で行われるので、「私」は英語を勉強しているというように、主語が異なりますから、主語を省略することができないのです。

# Unit 4 動詞 ing を使いこなす

　「動詞 ing」の形を現在分詞や動名詞と呼びますが、現在分詞や動名詞は使われる場所によって意味が異なります。

**2** A＝B

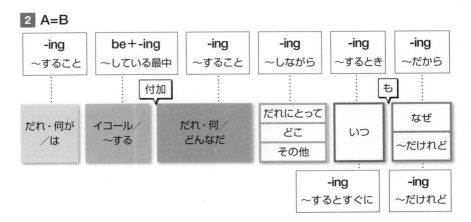

　主語『だれ・何が／は』と目的語『だれ・何を／に』、補語『だれ・何』など、名詞が使われる場所で使われる「動詞 ing」は「～すること」という意味の

動名詞です。

　『どうする』の場所で使われる「動詞 ing」は「〜している最中」という意味で、いつの最中かは言及していません。したがって「過去〜している最中だった」と言うときは was か were を「動詞 ing」の前につけ、「現在〜している最中である」と言う場合は am、are、is のいずれかをつけます。「未来のある時点で〜している最中だろう」と言いたいときは、will be をつけます。

　『どのように』の場所で使われる「動詞 ing」は、「〜しながら」という意味になります。

　『いつ』で使われるときは、「〜するとき」「〜するとすぐに」という意味を持ちます。

　『なぜ』の場所で使われるときは「〜だから、〜なので」という意味です。『だけれど』の場所では「〜だけれど、〜なのに」という意味で使われます。

　語順表の網掛けしていない部分は、よく文頭に出ることがあります。英語には文末に焦点が当たるという特徴があるので、文末の句はよく新情報を担います。

　例えば、There is an interesting shop in Shinjuku. だと、語順表どおりの語句の並びです。これが、In Shinjuku, there is an interesting shop. だと、In Shinjuku の時点で「うん、新宿がどうしたの？」と思いますが、これは「つかみ」であり、新宿が強調されているわけではありません。この文は there is an interesting shop で終わるので、interesting shop が耳に残り、相手を「どんな店？」と聞きたい気持ちにさせるのです。

　「どのように」、「どこ」、「いつ」、「なぜ」、「だけれど」の場所で使われる「動詞 ing」は文頭で使われることが多く、それを「分詞構文」と言います。

　語順についてさらに詳細を知りたい方は、本書の電子版（無料）の巻末にあります。ダウンロードしてお読みください。（p.20 参照）

# Chapter 2
# 名詞句・名詞節の語順

## Unit 1 普通名詞＋後置修飾

　日本語と英語の最も大きな違いのひとつに、「**名詞を修飾する語句の位置**」が挙げられます。日本語は名詞の前に修飾語句を置きますが、英語では冠詞、指示代名詞、所有格代名詞と形容詞を除くと、**修飾語句が名詞の直後**にきます。これを「**後置修飾**」と言いますが、実は日本語でも「その男性（大阪在住）はある女性（当時 21 歳）と面会した」などのような、（　）による後置修飾があります。

　普通名詞の後置修飾は、次の 9 種類を覚えておくとよいでしょう。

### ⑦ 普通名詞の 9 つの後置修飾＜名詞句・名詞節の図（普通名詞編）＞

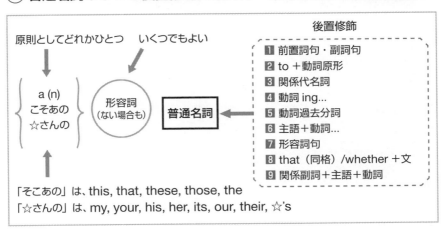

〔例〕

**1** 前置詞句・副詞句

薬剤に関するその新刊本

{the} (new) | book | ＜about medicine＞

**2** to+ 動詞原形

時間をつぶすにはよい場所

{a} (good) | place | ＜to kill／time＞

**3** 関係代名詞

海外で働きたい若者たち

(young) | people | ＜who／want／to work／abroad＞

**4** 動詞 ing

海外進出を促進している企業

| company | ＜promoting／overseas expansion＞

**5** 動詞の過去分詞

営業に向いている新入社員たち

(new) | employees | ＜suited／for sales＞

**6** 主語＋動詞

私が最も訪れてみたい都市

{the} | city | ＜I／want to visit／(the) most＞

**7** 形容詞句

上から2番目の引き出し

{the} | drawer | ＜second／from the top＞

**8** that 同格 / whether ＋文

彼が辞職したという事実

{the} | fact | ＜that／he／resigned／from his job＞

**9** 関係副詞＋主語＋動詞

私たちが初めて会った日

{the} | day | ＜when／we／first met＞

# Unit 2 -one、-body、-thing

　-one、-body、-thing が語尾につく代名詞は、冠詞、指示代名詞、所有格代名詞がつかず、形容詞がその直後にくるのが特徴です。形容詞が直後にくることで、*p.39* の「⑦ 名詞句・名詞節の図」にある普通名詞の修飾語の**7**と合体しますので**7**はなくなりますが、**1**〜**6**は同様に使われます。

## ⑦ 名詞句・名詞節の図 ( -one、-body、-thing 編)

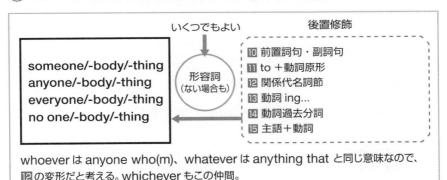

　　　　　　　　　　　　　　　　いくつでもよい　　　　　　　　後置修飾

someone/-body/-thing
anyone/-body/-thing
everyone/-body/-thing
no one/-body/-thing

形容詞
(ない場合も)

⑩ 前置詞句・副詞句
⑪ to ＋動詞原形
⑫ 関係代名詞節
⑬ 動詞 ing...
⑭ 動詞過去分詞
⑮ 主語＋動詞

whoever は anyone who(m)、whatever は anything that と同じ意味なので、⑫ の変形だと考える。whichever もこの仲間。

〔例〕

**⑩ 前置詞句・副詞句**

オフィスにいるだれか　　│ someone │ ＜in the office＞

**⑪ to ＋動詞原形**

何もいい読み物がない　　│ nothing │ ( good ) ＜to read＞

**⑫ 関係代名詞**

めがねをかけている人ならだれでも　│ anyone │ ＜who／wears／glasses＞

**⑬ 動詞 ing**

ここに住んでいる人全員　│ everybody │ ＜living／here＞

**⑭ 動詞の過去分詞**

鋼鉄でできている何か　　│ something │ ＜made／of steel＞

**⑮ 主語＋動詞**

あなたがよく知っているだれか　│ somebody │ ＜you／know／well＞

# Unit 3 疑問詞（句）

　Do you know <u>why</u>?（なぜだかわかる？）I'll show you <u>how</u>.（どうやるかやってみせるよ）はそれぞれ、「理由がわかる？」、「方法（やり方）を見せるよ」と同じ意味であり、why や how が目的語の働きをしています。このように、疑問詞は名詞と同じような働きをすることがあります。

　how to...は、how が「方法」という名詞で、to...が「〜するための、〜すべき」という意味だと考えると（実際は「〜すること」という名詞的用法）、how to...は「〜するための方法、〜すべき方法」となり、the way to...と同様の、「ア．名詞句・名詞節の図」の **2** 番、不定詞による後置修飾と同じ形になっています。また、how A...は「どうやって A さんが〜したか」＝「A さんが〜した方法」となり、普通名詞の **6** 番の後置修飾と同じ働きをしています。

## ⓦ 名詞句もどき・名詞節もどきの図（疑問詞編）

```
              疑問詞（句）               ┌─────────────────┐
   who, what □ , how ○ , where,         │ 16 to ＋動詞原形   │
   when, why, which □ , whose □          │ 17 主語＋動詞...   │
                                         │ 18 動詞...         │
                                         └─────────────────┘
```

〔例〕

1. 今すべきこと ｜ what ｜ ＜to do／now＞

2. 私が言いたいこと ｜ what ｜ ＜I／want to say＞

3. このパソコンを使う方法 ｜ how ｜ ＜to use／this PC または computer＞

4. あなたがそこにたどり着いた方法 ｜ how ｜ ＜you／got／there＞

5. 滞在すべき場所 ｜ where ｜ ＜to stay＞

6. 私たちが出会った場所 ｜ where ｜ ＜we／met＞

7. 出発すべき日時 ｜ when ｜ ＜to leave [depart] ＞

8. 私がジムに通い始めた時期 ｜ when ｜ ＜I／started／going／to the gym＞

9. 彼がここへ来なかった理由 ｜ why ｜ ＜he／didn't come／here＞

10. とるべき選択肢 ｜ which option ｜ ＜to choose＞

# 基本文型と バリエーションリスト

Chapter 1 Unit 1 で紹介した基本4文型には様々なバリエーションがあります。ここでは簡単にリスト形式で紹介します。

詳細の説明をご覧になりたい方は、本書の電子版（無料）の巻末にあります。ダウンロードの方法は 20 ページをご覧ください。

## 1 だれがどうする

**1-A** 動詞が目的語をひとつとる文（SVO）
**1-B** 動詞が目的語をもたない文（SV）
**1-C** 動詞が目的語をふたつとる文（$SVO_1O_2$）
**1-D** 動詞が目的語 + 補語をとる文（SVOC）

## 2 A=B または A ≒ B の関係

**2-A** A=B を表す動詞のある文
**2-B** 五感を表す動詞のある文（look/seem/sound など）
**2-C** 「〜になる」を表す動詞のある文（turn/get/ など）
**2-D** A ≒ B「〜のままである」を表す動詞のある文
**2-E** make sure のある文
**2-F** seem (to be)、appear (to be) のある文
**2-G** weigh のある文

## 3 存在を表すbe動詞が入った文

**3-A** 特定の主語がある文

**3-B** There is... の文

**3-C** Here is... の文

## 4 受け身の文

**4-A** 1-A の目的語（O）が主語（S）になる受け身の文

**4-B** 1-C の $O_1$ が主語（S）になる受け身の文

**4-C** 1-C の $O_2$ が主語（S）になる受け身の文

**4-D** 1-D の補語（C）が主語（S）になる受け身の文

# Part 3

日本語を英語に
発想転換するために
知っておきたい
５つの方法

# Part 3 を始める前に

　頭に浮かんだ内容を英語で表すとき、最も大切なことは英語の語順を意識することです。英語は語順で意味が決まる言語ですから、冠詞や前置詞の間違いはあっても、語順が正しければ伝わります。I want you help Amy customer service. と言われれば、「ああ、カスタマーサービスのエイミーを手伝ってほしいんだな」と理解できると思います。

　みなさんが今まで読んだり聞いたりしてきた英文は、Part 2 の Chapter 1 でご紹介した「語順表」（語句を並べる順番）と同じく、Part 2 の Chapter 2 の「名詞句・名詞節」の表（名詞の修飾語を置く場所）を使えばほとんどが構造を説明できます。ですから、語順表と名詞句・名詞節の表を覚えてしまえば、通じる英語が話せるようになるのです。

　しかし、語順表を覚えるというのは楽しくない、苦痛を伴う作業です。そこで私がおすすめするのは、「日本語を英語の語順で話す」練習をすることです。英語学習をともに頑張っている人がいる場合、その人たちと時間を決めて、その時間内はすべて英語の語順で日本語を話すと面白いですよ。

〔例〕

A：俺さ、行ったんだよね、ニューヨークに、先週。 1-B

B：え、なぜ、したの、あなたは、行く、ニューヨークへ。 1-B

A：会うためだよ、うちのクライアントに 1-A 、もう少し詳しく説明するとそのクライアントは、考えてんだよね、購入することを、うちの新製品を。 1-B

B：えー、私、うらやむ、あなたを。 1-A

███ 内の数字とアルファベットは、語順表の文型番号を示しています（p.43-44 参照）。 1-A は動詞が目的語をひとつ取る（他動詞）文、 1-B は動詞が目的語を取らない（自動詞）文です。

＊語順表の詳細は、本書の電子版（無料）の巻末に掲載しています。ダウンロードの詳細は 20 ページあります。

　Part 3 では、「日本語を英語に発想転換するために知っておきたい５つの方法」として、「同時通訳和英順」「主語を見つける」「和文和訳」「発想をまったく変える」「日本独自のものを説明するための６つの方法」を説明します。

# Chapter 1
# 同時通訳和英順

　和文英訳は英語学習の有効な手法のひとつです。和文英訳をたっぷり行って英文を作るコツをつかんでください。

## ①日本語の意味のかたまりごとに「ネ」を入れる

　日本語の文を意味のかたまり（センスグループと言います）ごとに「ネ」を入れて分けていきます。

　例えば、

「私は毎日オフィスでたくさんの書類を点検しています」

という文では、次のように（ネ）を入れていきます。

「私は（ネ）／毎日（ネ）／オフィスで（ネ）／たくさんの（ネ）／書類を（ネ）／点検しています（ネ）」となります。

## ②文型を見抜く

　次に、最後のセンスグループに注目して、どの文型かを見抜きます。この文は最後が「点検している」＝ check という目的語をひとつとる一般動詞なので、文型は 1-A となります。

## ③英語の語順に並べる

　そして、各センスグループを英語の語順に並べ替えます。

　以下に登場する 1-A 2-A 3-A 3-B 4-A のについては、43 〜 44 ページ及び付属の電子版の巻末にある語順表の詳細を参考にしてください。

# [ 例 ] 動詞が目的語をひとつとる文　1-A

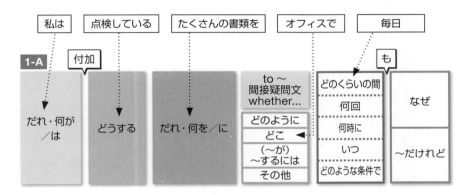

このように、例えば「私は毎日オフィスでたくさんの書類を点検しています」と聞いたら、すかさず「私は／点検しています／たくさんの書類を／オフィスで／毎日」と英語の語順に並べ替えて日本語で言う活動を、「同時通訳和英順」と呼んでいます。日本語を日本語に「同時通訳」するのですが、和文を英文の順に直すという意味で「和英順」にしました。

同時通訳和英順を行ったら、最後に各センスグループを英語に直します。

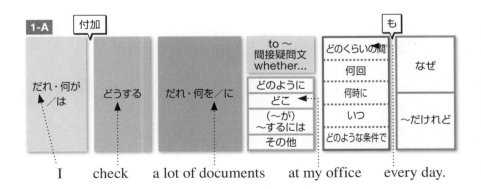

これでできあがりです。

語順表を使ってこの同時通訳和英順を繰り返すうちに、英語の語順に慣れていきますので、この活動をたくさんやってみましょう。では、さっそくトレーニングです！

　以下の４つの段階を踏んで、右ページの１〜６の和文を英文に直してみましょう。

---

Step 1 ▷ 日本語の文を意味のかたまり（センスグループ）ごとに「ネ」を入れて分ける。

Step 2 ▷ 最後のセンスグループに注目して、どの文型かを見抜く。

Step 3 ▷ 日本語の文をセンスグループごとに英語の語順に並べ替える。

Step 4 ▷ センスグループごとに英語に直していく。

---

# Question

次の文を英語にしてみましょう。

❶ 私は火曜日と木曜日に仕事のあとで2時間ほど水泳を楽しんでいます。

❷ 通勤電車で座ることは不可能に近い。

❸ 私はひと月に約60時間の残業をしています。

❹ 以前は電車の中で化粧する女性などいなかった。

❺ 手足が冷えるのならマフラーを首に巻くといいですよ。

❻ 言われたとおりにやればいいのだ。

# **Question**の解答例と解説

　このページからの解説は、まず中高で学習した英語でどう言うかを述べていきます。もちろん、それで十分通じます。そのあとで、英語ネイティブの方が「私ならこう言う」と言ったものを載せていますので、比較してみてください。

**❶ 私は火曜日と木曜日に仕事のあとで２時間ほど水泳を楽しんでいます。**

**Step 1**〉「私は（ネ）／火曜日と木曜日に（ネ）／仕事のあとで（ネ）／２時間ほど（ネ）／水泳を（ネ）／楽しんでいます（ネ）」

**Step 2**〉最後が「楽しんでいます」であり、「楽しむ（enjoy）」は目的語をひとつとる動詞なので、**1-A** の文型を使います。

**Step 3**〉「とき」を表す表現は複数ありますが、これらは、次のルールに従って並べます。

**1.**「いつ」を表す語句が原則として最後にくる。
**2.**「いつ」を表す語句が複数ある場合、原則として「小から大へ」という順に並べる。

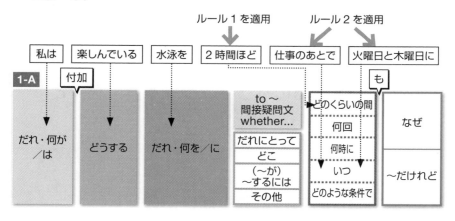

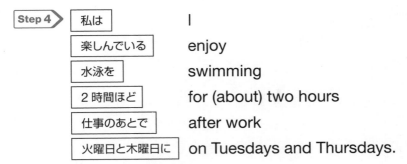

**Step 4**

| | |
|---|---|
| 私は | I |
| 楽しんでいる | enjoy |
| 水泳を | swimming |
| 2時間ほど | for (about) two hours |
| 仕事のあとで | after work |
| 火曜日と木曜日に | on Tuesdays and Thursdays. |

これなら通じる日本人の解答例

I enjoy swimming for (about) two hours after work on Tuesdays and Thursdays.

N 01
- **On Tuesdays and Thursdays, I have fun swimming for about two hours after work.**
- **On Tuesdays and Thursdays, I swim for about two hours after work. I enjoy it.**

## ❷ 通勤電車で座ることは不可能に近い。

**Step 1** 「通勤電車で（ネ）／座ることは（ネ）／不可能に（ネ）／近い（ネ）」

**Step 2** 最後が「近い」で一般動詞がないので、文型はA=B（2-A）です。

**Step 3** 「～することは……い［だ］」は「～することは」の部分が長い場合、よくIt is... to ～で表します。「～すること」に当たるのが「通勤電車で座ること」であり、「……」に当たるのは、「不可能に近い」ですね。「通勤電車で」と「座ること」は、『どうする』が『どこ』より先ですので、「座ること／通勤電車で」という順に並べます。

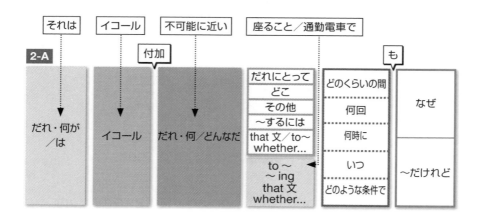

**Step 4** 「〜に近い」は、距離であれば near、程度であれば nearly や almost、practically を使います。

| それは | It |
| イコール | is |
| ほとんど不可能 | nearly [almost] impossible |
| 座ることは／通勤電車で | to <u>sit</u> on a commuter train. |

> **N** impossible to sit でも通じますが、ケガなどで座りにくいという誤解がないように注意。get [find] a seat なら問題なし。

👍これなら通じる日本人の英語表現

It is nearly [almost] impossible to sit on a commuter train.

**N ◄)) 01** It is practically impossible to get a seat on a commuter train.

## ❸ 私はひと月に約60時間の残業をしています。

**Step 1** 「私は（ネ）／ひと月に（ネ）／約60時間の（ネ）／残業を（ネ）／しています（ネ）」

**Step 2** この文の最後のセンスグループは「しています」ですね。「する」は do ですから、**1-A** の語順を使います。

**Step 3** 「ひと月に」は「いつ」に当たる語だと考えると、この文をセンス
グループごとに英語の語順に並べ替えると以下のようになります。

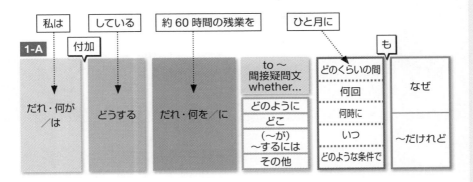

**Step 4** 「約60時間の残業」は about 60 hours of overtime と言います。
「残業する」を英語では do overtime や work overtime と言います。

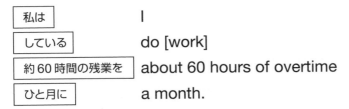

👍これなら通じる日本人の英語表現

I do [work] about 60 hours of overtime a month.

**N** 🔊 **01** I work about 60 hours' overtime each month.

　上のネイティブの解答例のように、「約60時間の残業をしている」を
work about 60 hours' overtime とするネイティブが何人かいました。
あるイギリス人のジャーナリストは、「アポストロフィはあってもなくて
もよいが、たぶん自分は使う」と言っていました。

**❹ 以前は電車の中で化粧する女性などいなかった。**

Step1 「以前は（ネ）／電車の中で（ネ）／化粧する女性など（ネ）／いなかった（ネ）」

Step2 最後が「いなかった」であり、存在を表す表現なので **3** です。特定の人を表す場合と（ **3-A** ）、特定な人を表してはいない場合（ **3-B** ）がありますが、ここでは特定の人を表していないので There is/are を使います。

Step3 この文の主語は「女性」で、「電車の中で化粧をする」はその修飾語です。Part 2 Chapter 2（*p*.39）で学習したように、英語では、修飾語は名詞の直後に置くことが多く、「電車の中で化粧する女性」は名詞句・名詞節の図の **3**（関係代名詞）を使って「 女性 ＜詳 その女性は／化粧する／電車の中で＞」という語順にします。「詳」は「もう少し詳しく説明すると」という意味です。英語では「いなかった」はよく「ゼロ人の人がいた」と表しますので、今回はそれを使ってみましょう。

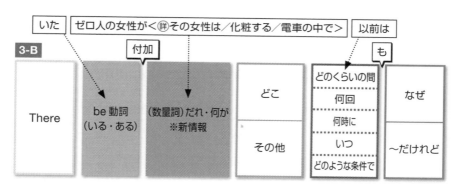

「化粧をする」は put on makeup（または make-up）と言います。put on は「体の一部の上に何かを置く」という意味で、「（靴やズボンなどを）はく」、「（服を）着る」、「（帽子を）かぶる」、「（めがねを）かける」、「（指輪を）はめる」、「（口紅を）つける」など様々な訳ができます。いったん put on すると脱いだり取ったりするまでずっと have on の状態が続きます。

have on は wear と言うこともできます。

「ゼロ人の女性<(詳)その女性は／化粧する／電車の中で>」は、<  >内が文になっており、以下のような構造になっています。

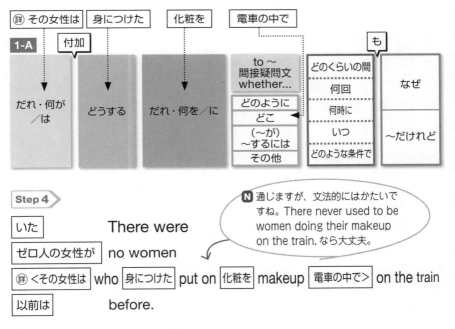

Step 4

| いた | **There were** |
| ゼロ人の女性が | **no women** |

(N) 通じますが、文法的にはかたいですね。There never used to be women doing their makeup on the train. なら大丈夫。

| (詳)<その女性は | **who** | 身につけた | **put on** | 化粧を | **makeup** | 電車の中で> | **on the train** |
| 以前は | **before.** |

👍これなら通じる日本人の英語表現

There were no women who put on make-up on the train before.

(N) 📢01
· Before, there weren't any women putting on makeup on the train.

· I never used to see women putting on makeup on the train.

· There never used to be women doing their makeup on the train.

**❺ 手足が冷えるのならマフラーを首に巻くといいですよ。**

Step 1 ▷ 「手足が（ネ）／冷えるのなら（ネ）／マフラーを（ネ）／首に（ネ）／巻くと（ネ）／いいですよ（ネ）」

Step 2 ▷ 最後のセンスグループが「いいですよ」だと考えると、主語がわからなくなりますね。ですから、最後のセンスグループは、「巻くといいですよ」だと考えましょう。「巻く」というのは、包帯のように「ぐるぐる巻きにする」というより「身にまとう」というニュアンスですね。「身にまとう」は wear ですから、 1-A の文型を使います。

Step 3 ▷ この文は助言の文ですから、「マフラーを首に巻いてはどうか（why don't you）」や「マフラーを首に巻いたほうがいい（you should）」と置き換えることができそうです。「手足が冷えるのなら」は『どのような条件で』に当たります。したがって、この文は次のように並べ替えます。

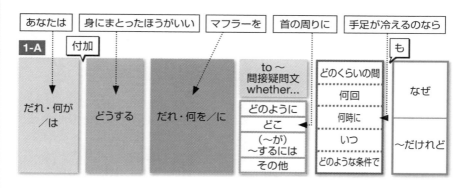

「手足が冷えるのなら」は、「もし／あなたの手足が／イコール／冷たい」と言い換えることができますね。「イコール」は「感じる」や「なる」とすることも可能です。

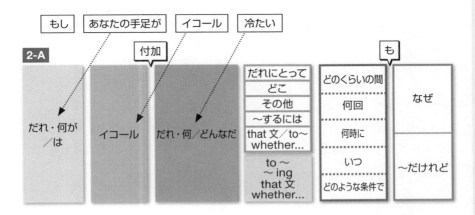

**Step 4** 英語では "文末焦点"（end focus）と言って、重要な情報や新情報をよく文のあとのほうに持ってきます。「手足が冷えるのなら」と「マフラーを首に巻くといいですよ」のうちどちらをあとに持ってくるかは、話者の気持ちによります。なお、muffler はオートバイの消音装置という意味で使うことが多く、マフラーを表すのに scarf のほうがよく使われます。

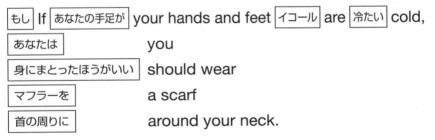

👍これなら通じる日本人の英語表現

If your hands and feet are cold, you should wear a scarf around your neck.

**N ◀)01**
· It's good to wear a scarf (around your neck) if your limbs [hands and feet] get cold.

· If your hands and feet get cold, wearing a scarf will help.

**❻ 言われたとおりにやればいいのだ。**

Step 1 ▷ 「言われたとおりに（ネ）／やれば（ネ）／いいのだ（ネ）」

Step 2 ▷ 最後が「いいのだ」ですが、これもくせ者ですね。この文は、「やりなさい／言われたとおりに」という命令文だと考えることができます。「やる＝する」は通常目的語をとりますが、この文では目的語がないので、文型は 1-B です。

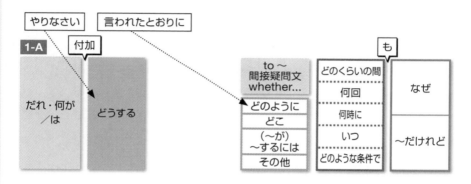

Step 3 ▷ 「言われたとおりに」は「のと同じように／あなたが／言われた」とします。「あなたが／言われた」は受け身ですので、4-A です。

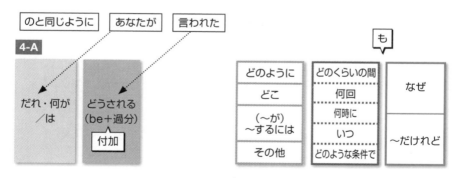

Step 4 この「言われた（言う）」は「告げる、伝える」という意味なので、
tell を使います。

| やりなさい | (Just) Do

| のと同じように | as | あなたが | you | 言われた | are told.

👍これなら通じる日本人の英語表現

(Just) Do as you are told.

 ・You should do as you're told.

　　　　　・It would be best if you did exactly as you were told.

# Chapter 2
# 主語を見つける

　日本語はよく主語が省略されますし、目的語に「が」や「は」がついたりすることがあり、主語と間違ってしまうことがあります。

　例えば「あなたが言いたいことがよくわからない」という文を中学生に英訳させると、「あなたが」が主語であると思ってしまう生徒がかなりいます。そのような生徒には、前の Chapter 1 で紹介したように、日本語の文に「ネ」を入れてセンスグループに分けて考えさせます。この文の最後の部分は「よくわからない」であり、「だれがわからないの？」と尋ねると、生徒はこの文の主語が「私は」であることに気づきます。

　では、「間に合いますか？」はどう訳せばよいのでしょうか。

　これがタクシーの中での発言で、乗客が運転手に対して言っているのであれば、主語は「私は」になります。交通渋滞に巻き込まれている人に対して電話でこのように尋ねているとすると、主語は「あなたは」になります。その電話を聞いている第三者が、電話をしている人に尋ねている場合は、主語は「彼は」「彼女は」「彼らは」のいずれかになるでしょう。なお、「間に合う」は be in time や make it などを使います。

　また、「畳の上では靴を脱ぎます」という文を英訳する場合も、「日本ではそうですよ」と言いたいときは主語が「私たち」になりますし、旅館で外国からのお客様に説明しているのであれば、主語には「だれでも」という意味の you (“generic you”) を使います。

　このように、和文英訳をする場合は、省略されている主語を見つけなければならないことが多く、そのトレーニングをふんだんに行う必要があります。では、まず主語が省略されている文を英文に直す練習をしてみましょう。

## Unit 1 主語が省略されている場合

# Question

次の文を、主語に注意して英語にしてみましょう。

❶ そろそろ行かないと。

❷ 秋はなんだか人恋しい。

❸ 毎日食べることができることに感謝しなくちゃね。

❹ オーストラリアではクリスマスにサーフィンができる。

❺ 彼に言っても無駄だ。

❻ あ、宅配便だ!

# **Question**の解答例と解説

## ❶ そろそろ行かないと。

　この文の主語は複数考えられます。自分のことを言っている場合は I、自分を含めた複数の人がそろそろおいとましないといけない場合は we、話し相手にそろそろ時間だと促す場合ならば you、だれか第三者の出発時間が迫っている場合であれば he や she、they などを使います。

　「そろそろ」はある状況や時間になりつつあることを示す語で、soon や now で表します。「そろそろ～する時間だ」は It's about time で表すこともできます。

　「行かないと」は「行かないといけない」の最後の部分を省略した形で、must go や must leave、have to go、need to leave などで表します。must be going、must be leaving などと進行形で表すこともあります。その場合、出る、その場を離れるという動作をすでに進行中でないといけないというニュアンスが出ます。

〔日本人の解答例〕　　　　　　Ⓝ must はフォーマルな印象です。

📘 I <u>must</u> be going.

・I have to go now.

・We have to be leaving soon.

・You need to go (now).

・He has to leave soon.

・It's about time we left.（もう行かなきゃ / だいたい去ってしまっている時間）

・It's almost time for her to go.

Ⓝ ◀))02 I'd better leave soon.

### ❷ 秋はなんだか人恋しい。

　この文は、個人的な感情であれば主語は I ですが、一般的なことを言っているのであれば、主語は you を使います。この you は people と同義で、話し手を含めた一般の人を指します。ただし、秋になぜか人恋しくなるかどうかは人によるでしょうから、この文を you で始めると「人はだれでも」という響きがあり、違和感を持たれる可能性があります。「なんだか」は「理由はわからないが」と置き換えることができますね。I don't know why, but...や somehow、for some reason で表します。

　「人恋しい」は「寂しくて人と話したくなる」や「孤独を感じてだれかつきあってくれる人が必要になる」などと言い換えることができそうです。

　したがって、「秋はなんだか人恋しい」に相当する英文は以下のようなものが考えられます。

> **N** talk to someone だとだれかと話をするという意味ですが、talk with someone だとカウンセラー相手に相談したい、友人と大事な話をしたいというニュアンスが入ります。

〔日本人の解答例〕

🔖 In autumn, people tend to feel lonely (and want <u>someone to talk to</u>).

・I don't know why, but in the fall I often feel lonely (and want some company).

・For some reason I often long for company in the fall.

**N** ◀》02 In autumn I always end up missing people somehow [for some reason].

### ❸ 毎日食べることができることに感謝しなくちゃね。

　これも主語は複数考えられます。自分に言い聞かせている場合、話し相手に感謝を促している場合、あるいは食べ物がなかった時代と比べて、現代人がどれだけ恵まれているかを言いたい場合などです。現代人について言いた

いのであれば、we を使います。

　「感謝する」は thank で、直後ではだれに感謝しているかを述べますので、「～に対して神様に感謝している」と言いたいときは thank God for... としますが、God という言葉は軽々しく使うべきではありません。そこで使えそうなのが、「感謝している状態」という形容詞、thankful と grateful です。いずれも直後で「that ＋文」（～ということ）や「for...」（～に対して）を使うことができます。なお、「ありがたいと思う」という意味の appreciate という動詞は、人の好意や何かしてくれたことに対して使います。

〔日本人の解答例〕

🔖 I must be thankful that I can eat every day.
・We should be grateful that we have enough to eat (every day).
・You should be grateful for having enough to eat (every day).

**N** ◀)) **02** You should be grateful that you have food to eat (every day).

❹ **オーストラリアではクリスマスにサーフィンができる。**

　オーストラリアは南半球にあって日本と季節が逆なので、12 月末は北部のほうではだれでも海水浴ができます。ですから主語は you が適切です。もし、「オーストラリアではクリスマスにサーフィンをします」であれば、オーストラリアの人々の習慣や文化などを表す文になりますので、people in Australia や they を主語にします。

　「サーフィンができる」という表現は can surf でよいのですが、go surfing とすると on the Internet ではないことを確実に理解してもらえます。

　「クリスマスに」は on Christmas か at Christmas ですが、on は日付の前で使いますので、on Christmas は on Christmas Day（12 月 25 日

に）という意味になります。at Christmas は 1 年間のスケジュール表の 1
地点を指すイメージで、Christmas season 全体を表しています。

〔日本人の解答例〕

In Australia you can [go/enjoy] surfing at Christmas.

**N** ◄))02 You can go surfing at Christmas in Australia.

---

**❺ 彼に言っても無駄だ。**

　この文は最後の部分が「無駄だ」ですので、主語は「彼に言うことは」だと
考えましょう。

　「無駄だ」という表現を国語辞典で引くと、「役に立たない」や「効果がな
い」などと定義されています。これを英語にすると、useless や no use、
pointless、no point などが挙げられます。point には「効用、効果、利益」
などの意味もあります。また、少し意訳して a waste of time（時間の無駄）
を使っても言うことができそうですね。

　この場合の「言う」は一方的な感じではなく、話し合いをしているイメー
ジがあるので、talk を使うとよいでしょう。また、話し合いは無駄ではな
いが、それを言っても無駄だという場合は、say that to him や tell him
that とします。なお、say は人を目的語に取らない動詞です。「説得しよ
うとして」も無駄だというニュアンスで、try to persuade を使うのも一案
です。

〔日本人の解答例〕

　It is no use talking to him.
・It's useless to talk to him.
・There is no point in trying to persuade him.
・It's a waste of time to try to persuade him.

・ It's useless to say that to him.

・ There's no point in telling him that.

### ❻ あ、宅配便だ！

　トリッキーな文ですね。①町で宅配便のトラックを見て子どもが叫んだ、②帰宅したらちょうど宅配便を持ってドアベルを押している宅配便業者を見た、③宅配便が届くのを待っていたらドアベルが鳴った、など、状況次第で英文が変わりそうです。

　①の場合、トラックを見た子どもが「あれは宅配便サービスでしょ！」と知識を披露しているので、that や it が省略されていると考えられます。

　②は「あ、彼は宅配便業者だな！」と言い換えることができそうです。ちなみに、宅配便業者は delivery person（国際宅配便業者は courier）と言います。

　③はドアベルが鳴っての反応ですから、「このベルは」という意味で代名詞の it を主語にすればよさそうですね。

〔日本人の解答例〕

📖 Oh, that's the delivery service!

・ Oh, he's the delivery person [the delivery guy / the courier]!

・ Oh, it's the delivery service!

**N** ◀)) 02 ・ Oh, it's the delivery service!

　　　　 ・ The delivery person is here!

> **N** courier は普通家庭に宅配を届ける人には使いません。仕事のシチュエーションで書類を届けたりする場合に使います。
> the courier ではなく、a courier とすると、普通に「彼は宅配業者です」の意味になってしまいます。

## Unit 2 主語が複数考えられる場合

**Question**

次は、主語が複数考えられものにチャレンジしてみましょう。
1問につき最低2文ずつは英文を作ってみてください。

❼ 母親に勉強しろと言われるのが本当に嫌でしたね。

❽ 梅の花が咲くと春が近づいていることを感じる。

❾ 会議のあとは昼食会を予定しています。

❿ 外国の食事は口に合わない。

⓫ お疲れ様でした。

⓬ 今度の日曜日は雨らしいね。

# Question の解答例と解説

**❼ 母親に勉強しろと言われるのが本当に嫌でしたね。**

　「嫌だ」という日本語は形容動詞です。日本語では、静かだ、親切だ、有益だ、便利だなど、「だ」で終わり、連用形の活用語尾が「な」であるものを形容動詞と言います。これらを英語にすると quiet、kind、useful、convenient など形容詞になります。ただし「好きだ」と「嫌いだ、嫌だ」はそれぞれ、like と hate / dislike というふうに動詞になります。

　hate した人はだれかというと、この文を述べている人ですから、主語は I になります。ポイントは、この文をふたつに分けてしまって、「母親が私に勉強しろと言うと、そのこと (it) がいつも私を本当に怒らせた／いらいらさせた」とすることです。

　「私は☆さんが〜するのが嫌だった」は、I hated it when ☆...と言います。この it は when 以下の内容を指します。「言われる」は受け身ですが、when I was told to study by my mother は「母親によって」が最後にきて強調され過ぎるので、能動態を使います。

〔日本人の解答例〕

When my mother told me to study, I always got really irritated [it always made me angry / it always really annoyed me].

**Ⓝ◀)) 03** I always really hated [I used to really hate] it
when my mother told me to study.

**❽ 梅の花が咲くと春が近づいていることを感じる。**

　これは、個人的な意見であれば主語は I です。日本人は梅の花を見ると春が近いと思うものだと言いたいときは、主語は we にします。日本語と英語の違いのひとつに、英語は無生物主語がよく使われるということがあ

ります。この文を無生物主語を使って表すと、「梅の花は春が近づいていることを教えてくれる」となります。「春が近づいている」を文字通り訳すと、spring is approaching となります。もちろんこれでも OK ですが、spring is just around the corner という表現がよく使われます。梅は Japanese apricot と言います。

〔日本人の解答例〕

🗡 When the Japanese apricot blossoms are [blooming/in bloom], I feel spring is approaching.

・When the Japanese apricot trees bloom, we feel like spring is coming soon.

・The Japanese apricot blossoms tell us (that) spring is just around the corner.

**N**◀)）**03** I feel like spring is coming when I see the Japanese apricot blossoms.

⑨ 会議のあとは昼食会を予定しています。

　これは個人が単独で計画したことではなく、おそらく会社として、あるいは担当部署として計画しているという意味でしょうから、主語は we を使いましょう。

　「昼食会」は同僚たちとの昼食であれば lunch ですが、外部の方やクライアントとの少し改まったものであれば a luncheon という言い方もあります。「昼食会を予定しています」は「持つことを」という部分が省略されていますので、be going to have や be planning to have で表します。

　もうひとつの英訳は、無生物主語の「会議」を使ったものです。「その会議は昼食会によってフォローされます」というのが英語的な表現です。受動態の文で言うと、改まった雰囲気が出ますね。

〔日本人の解答例〕

🔖 We are going [planning] to have lunch after the meeting.

· The meeting will be followed by a luncheon.

**N ◀)) 03** We're planning to have lunch [a luncheon] after the meeting.

---

**⑩ 外国の食事は口に合わない。**

「外国の食事」を表す表現としては、foreign foods、overseas foods、non-Japanese foods、food(s) overseas、dishes overseas、dishes in foreign countries などがあります。

「口に合う」は suit my taste や be to my taste などと言います。しかし、これらの表現を知らなかったら、思い切って言い換えてみるという発想の転換が必要です。「外国の食事は口に合わない」ということは、「私は外国の食べ物が（あまり）好きではない」ということです。「あまり」をつけると少し表現が和らぎます。「あまり〜ではない」は not very や not really などが使えます。

他の言い換え候補としては、「日本食以外は（あまり）好きではない」などがあります。「私は外国で現地の食べ物を楽しんだことがない」ということもできますが、その暇がないとも、あるいはそうした経験がないという意味にも受け取れます。

〔日本人の解答例〕

🔖 · I don't like foreign foods (very much).

· Foreign foods don't suit my taste.

· Foreign foods aren't to my taste.

· I don't (really) like anything but Japanese food.

· I've never enjoyed the local foods in foreign countries.

· Foreign foods don't suit my taste.
· I don't really like overseas [non-Japanese] foods.

**⑪ お疲れ様でした。**

　これはくせ者ですね。実は、英語には「お疲れ様」に相当する表現がありません。会社で先に仕事を終えた同僚が帰宅するときにかける言葉は、英語では「また明日」です。

　退職した人をねぎらう言葉としては、「長年の勤務に心から敬意を表します」となるでしょう。何かイベントを催し、終了したときに主催者が言うのなら「ありがとうございました」などがあります。普段使う褒め言葉であれば、good job と言うこともできそうです。

　このように、英語にはない表現の場合、場面や文脈に応じて最も近い表現を選ばなければなりません。直訳できないときは、どう言い換えるかを考えましょう。

〔日本人の解答例〕
📖See you tomorrow.
· It's been a hard day, hasn't it?
· Looks like you had a tough day.
· You look tired.
· Thank you very much for your hard work.
· Thanks for all your help.
· You did a good job.

· Good work today.
· You did a great job.
· Great job today.
· Bye. See you tomorrow.

⑫ 今度の日曜日は雨らしいね。

　この文は、最後の「らしい」の意味をかみしめてみないといけませんね。「雨だと聞いている」であれば、主語は I です。「雨が降ると言われた」場合も主語は I です。他の可能性としては、テレビなどの天気予報でこの情報を得た場合などがあります。そういうときは、I saw/heard で始めたり、The weather forecast says で始めることができます。あるいは、The newspaper says、According to the newspaper なども候補です。日本語では「今度の日曜日は雨です」などと言いますが、英語では Next Sunday is rain. などとは言いません。動詞の rain を使って「今度の日曜日は雨が降るでしょう」と表します。

　「雨が降るでしょう」は be going to/will rain ですが、状況からすると「降りそうだ」ならば be going to rain、「たぶん降るんじゃないか」と言いたいときは be likely to rain や looks like rain を使います。

〔日本人の解答例〕

🔖I hear it's going to rain next Sunday.

・I was told it is likely to rain next Sunday.

・The weather forecast says it's going to [it will] rain on Sunday.

・The newspaper [Internet] says it's going to rain next Sunday.

・According to the Internet [newspaper], it's going to rain this Sunday.

N◄)03 ・Looks like it's going to rain this coming Sunday.
　　　・It's supposed to rain this Sunday.

## Unit 3 主語を間違いやすい場合

# Question

次は、主語を間違いやすいものを見てみましょう。
日本語に惑わされないでくださいね。

⑬ 明日は面接だ。

⑭ 今日のテストはとても疲れました。

⑮ 来年はいよいよ就活だ。

⑯ 足が速いのは自慢にならない。

⑰ （先生に向かって）先生がアドバイスをしてくだ
さったのでとても助かりました。

⑱ うちの弟がこの前言ってたあの女性について
会ったんだよね。

## Questionの解答例と解説

### ⑬ 明日は面接だ。

　「明日は面接だ」を文字通り訳して Tomorrow is an interview. と言うと、「日にち＝面接」となってしまい、イコールに相当する is の左右が異質なもので不自然です。この文は「私は明日面接試験を受ける」と言い換えることができますね。就職試験での面接であれば job interview、口頭試問ならば oral exam(ination) と言います。これが入試期間中の職員室での先生方の会話だとすると、「子どもたちは明日面接試験を受けるね」となるでしょう。また、これが面接を実施する主催者側のセリフならば、「私たちは明日面接をしますね」といったニュアンスになります。個人の予定と異なり、面接は公的な行事で確定した未来の予定なので、現在形で表します。

〔日本人の解答例〕
📘 I have an interview tomorrow.
・Our students have interviews tomorrow.
・We have interviews with the applicants tomorrow.

N◀0)04 ・There's an interview tomorrow.
　　　・There are interviews tomorrow.

### ⑭ 今日のテストはとても疲れました。

　これも直訳して Today's test was very tired. とすると、「テスト」がへとへとになっているように聞こえます。へとへとになっているのは「私」です。「〜でとても疲れた」と言いたいときは、was very tired from / after... や、was really exhausted from... などと言います。他の候補としては、無生物主語があります。「今日のテスト」を主語にする方法です。「今日のテストは私をとても疲れさせた」とすると、英語的な表現になります。

なお、「～の」という所有を表す表現は、所有格を使う場合とofを使う場合があります。「私の脚（my legs）」や「ジョンの脚（John's legs）」のように人間に対しては名詞や代名詞の所有格を使いますが、「机の脚」のように無生物名詞の場合は原則としてof句を用いてthe legs of a deskのようにします。この場合、語順が逆になることに注意してください。時や国名、地名、会社、建物、乗り物、動物などは、所有格を使うことができます。

〔日本人の解答例〕

I was very tired after (taking) today's test.

N today's testでも間違いではなく通じますが、the test todayのほうがより自然です。

・The test today [Today's test] tired me out.

・The exams today exhausted me. / The exams today were exhausting.

**N 04 The test today really tired me out.**

### ⑮ 来年はいよいよ就活だ。

これも「来年＝就活」とすることはできませんので、主語を工夫しましょう。就活＝就職活動は、job huntingやseeking employmentなどと言います。「いよいよ」はat lastやfinallyでもよいのですが、just aheadやjust around the cornerなどでそのニュアンスを含むことができます。

その場合は、「来年」という言葉と併用できないので、「就活が近づいてきた。来年開始だ」などと2文にします。また、「私」がため息をつきながらこのセリフを言っていると考えると、「あー、いやだなあ。来年は就活だ」とすることもできます。また、家族の会話で父親や母親などが言っているとすると、主語はyouやhe、sheになります。

〔日本人の解答例〕

Oh, no... I have to start job hunting next year.

· You're going to start job hunting next year, right?
· I'm going to start job hunting next year.  It's just around the corner!

**N ◀)) 04** I'm going to be job hunting [looking for a job] next year. That's so soon.

⑯ 足が速いのは自慢にならない。

　「足が速い」というのは、my legs [feet] are fast などとは言いません。run fast です。ちなみに、「目がいい」は have good eyesight、can see well と言います。「耳がいい」は have good ears、have good hearing、can hear well などと言います。「足が速いのは」は「早く走れることは」と置き換えることができます。

　「～を自慢する」は、brag about... や boast about... と言いますが、「足が速いのは自慢にはならない」という文の「自慢」は「誇りを持っている」という意味にも取れますので、be proud of... も使えます。「自慢にならない」は nothing to brag about, nothing to boast about, nothing to be proud of などとします。nothing to... は「～すべき何物でもない」という意味です。

〔日本人の解答例〕
🔖 He runs fast? Well, that's nothing special.
· Being able to run fast is nothing to boast [brag] about.
· It's not such a big deal to be a fast runner.

**N ◀)) 04** · Being fast isn't that big a deal, you know.
　　　　 · OK, he's fast. So what?  [What's the big deal?]

🔞 （先生に向かって）先生がアドバイスをしてくださったのでとても助かりました。

　「とても助かった」のは「私」なので、主語を I でいこうと思うと、スタックしてしまいます。I was very saved なんて変だよ……となってしまうからです。「とても」に相当する very は形容詞や副詞の前にしかつきませんから、「助かった」という動詞を形容詞に替えてはどうか？ というのが発想転換のひとつです。「助かった」を表す形容詞は、helpful です。「先生のアドバイスは very / really helpful でした」としたり、「役立つもの」や「助けになるもの」という意味を表す名詞 help を使って、「先生のアドバイスは a great help でした」とすることもできます。「先生の」は teacher's ではなく、面と向かって言っているので your です。

〔日本人の解答例〕

📘 Your advice was really helpful.

・The advice you gave me was a great help.

・Thank you very much for your advice.

・I really appreciate the advice you gave me.

**N** 🔊04 The advice you gave me was a great help, professor.

🔞 うちの弟がこの前言ってたあの女性についに会ったんだよね。

　これは日本語の曖昧さをよく表している文ですね。これは複数の可能性があります。

①「うちの弟が（彼が）、この前言ってたあの女性に、（彼は）ついに会ったんだよ」

②「うちの弟が（彼が）、この前言ってたあの女性に、（私は）ついに会ったんだよ」

③「うちの弟が、（私が）この前言ってたあの女性に、（彼は）ついに会ったんだよ」

　「この前」は the other day ですが、recently とすることもできます。recently / before / earlier は現在完了や過去形の文で使います。「言ってた」は、was talking about か mentioned です。「この前言ってたあの女性」は後置修飾節を含みますから、語順に注意してください。

〔日本人の解答例〕

🔖 My brother finally saw [met] the woman I was talking about the other day.

・I finally met the woman my brother was talking about the other day.

**N ◀)) 04** I finally met that girl my brother was talking about earlier [before].

# Chapter 3
# 和文和訳

　日本語独特の言い回しや、英語にない言葉などは、別の表現に置き換えなければなりません。

　例えば、「急（せ）いては事をし損じる」は英語でどう言えばよいでしょうか。Haste makes waste. という表現を知っていればよいのですが、それを知らなかったりとっさに出てこなかったときは、思い切って別の表現にして伝えましょう。「急いては事をし損じる」ならば、「焦ると失敗しますよ」や、「慌てないで。ミスをしてしまいますよ」などと置き換えます。すると、If you hurry, you will fail. や、Don't rush, or you will make mistakes. などと、中学英語で表現することができます。

　では、「背に腹は替えられぬ」、「年には勝てぬ」、「人生は七転び八起きだ」は英語でどう言えばいいでしょうか。

　「背に腹は替えられない」を直訳すると奇妙な文になってしまいます。

　「背に腹は替えられない」とは、「内臓が詰まっている腹部と背中は交換できない」という意味で、背中は多少犠牲になってでも腹部は守りたいということを表し、差し迫った状況で多少の犠牲は仕方がないことを意味しています。ですから、「あなたにとって大切で価値のあるものを手に入れたり保ったりするためには、あなたは時として何か他のものを諦めないといけない」とすると、In order to get or keep something that's important or valuable to you, sometimes you have to give up something else. のように中学レベルの英語で伝えることができます。

　また、「背に腹は替えられぬ」を別の表現にすると、「他に選択肢はない」ということになりますね。となると、I [We / You] have no (other) choice. や There is nothing else I can do. などと言うこともできます。

「年には勝てぬ」は単独で使われることはなく、「もっとできると思っていたんだけど」や「おまえには勝てると思っていたんだが」など他の部分があるのが普通ですので、まずそれを英語で表現したあとで「年齢が原因かなあ」と付け加えると、I thought I could do more [better], but I couldn't. Maybe it's (because of) my age. などとなり、「年には勝てぬ」という表現のニュアンスを伝えることができそうです。

　「人生は七転び八起きだ」は、「人生には浮き沈みがあるが、何度失敗してもその都度勇気をふるって立ち上がればいい」ことを伝える表現です。これをそのまま英語にできそうでなければ、より簡単な日本語に直すのがコツです。「人生にはいいときと悪いときがある。だから、もし諦めなければいいことが起こるよ」などとしてはどうでしょうか。

　この場合の「諦めなければ」は「進み続ければ」というニュアンスですね。そうすると、There are good times and bad times in life. So if you keep going (and don't give up), something good will (surely) happen. のように言えば、簡単な英語で表すことができそうです。

　このように、言いたいことをいかに「英語に直せそうな日本語」に替えるかが、英会話のひとつのポイントなのです。これを本書では「和文和訳」と呼ぶことにします。

　実は、中高と英語を学習してきた方は、かなりの英文や語句が脳にインプットされています。ですから、就職後に突然海外勤務を命ぜられ、英語を使わなければならない状況に追い込まれると、脳のどこかにしまってあるそれらの文や語句を引っ張り出してきて使わなければなりません。しかし、日本語と英語は必ずしも一対一対応しないことが多く、和文和訳のテクニックが必要となります。語句が思い出せないこともストレスになりますが、それは復習する中で思い出してきます。それよりもむしろ、言いたいことが英語でどう言えばいいかがわからないというストレスは、和文和訳のような練習をたっぷりしなければ解決されません。

▼和文和訳問題

## Question

では、和文和訳の練習問題にチャレンジしてみましょう。
「英語に直せそうな日本語」に替えてから英訳するのがコツです！

❶ どれもこれも五十歩百歩だなあ。

❷ 何もありませんが召し上がってください。

❸ お膳立てはバッチリできた。

❹ 試合の日にユニフォームを忘れるなんて
しゃれにならんなあ。

❺ 彼は不用意な発言で墓穴を掘った。

❻ このたびはお世話になります。

# Questionの解答例と解説

## ❶ どれもこれも五十歩百歩だなあ。

「五十歩百歩」は「戦場で五十歩逃げた者が、百歩逃げた者を臆病者だとあざ笑ったらどう思うか」と孟子に尋ねられた梁の恵王が、「逃げ出したことには変わりないので同じだ」と答えたという話から、「多少の違いはあっても本質的には両者ともよくない」ということを意味する表現です。したがって、「どれもこれも五十歩百歩だなあ」は「それらの間にはほとんど違いがない」や「どれもあまりよくない」と言い換えられそうです。

〔日本人の解答例〕

📖 There is little difference between [among] them.

・Neither one is good.

・They are almost the same. None[Neither] of them is good enough.

**N**◀ )) **05** ・They're (all) practically the same.

・There's hardly any difference (between them).

## ❷ 何もありませんが召し上がってください。

日本人の謙遜さが反映された文ですね。直訳して There is nothing to eat, but please eat. だと、矛盾した文になってしまいます。「何もありませんが」は「何も特別なものはありませんが」の短縮形なので、There is nothing special, but please eat. とすると伝わります。しかし、これは文法的に正しいだけであり、実際このような文を聞くことはあまりないと思われます。食事を出した際に何か言う場合、以下のようなものがあります。

〔日本人の解答例〕

📖 Please help yourself.

・I hope you enjoy [like] it.

・Please enjoy your meal.

**N 00 It's just a simple meal, but please help yourself.**

### ③ お膳立てはバッチリできた。

「膳立て」は、膳の上に食器や料理を並べることや、配膳することを意味しており、「お膳立てができた」とは「手配ができている」ことや「準備ができている」ことを表しています。「バッチリ」は「完璧に」と同義語ですから、この文は「すべてのことが完璧に手配されている／すべての準備できている」とか、「手配は完了した」と置き換えると表すことができそうですね。

〔日本人の解答例〕

Everything is prepared.

・The arrangements [preparations] are complete.

・Everything's ready.

**N 05 Everything is arranged perfectly.**

### ④ 試合の日にユニフォーム忘れるなんてしゃれにならんなあ。

この文を言い換えると、「試合の日にユニフォームを忘れることは笑いごとではない／冗談ではない」となりますね。だれがユニフォームを忘れたのかは言及されていないので、文脈にしたがって you、he、she などを使い分けます。「笑いごとではない」、「冗談じゃない」は、それぞれ no laughing matter、no joke です。主語がやや長いので、いくつかの文に分けてしまうのも一案です。以下のようなものではどうでしょうか。

〔日本人の解答例〕

He forgot his uniform on the day he had a game? That's no laughing matter.

**N 05 Forgetting your uniform on the day of the game is no laughing matter.**

**❺ 彼は不用意な発言で墓穴を掘った。**

　「不用意な発言」は、「不注意な」発言をしてしまったのなら careless、「軽率で思慮のない」発言ならば「考えのない」という意味の thoughtless が使えます。発言は remark(s) ですが、思いつかない場合 words などで代用します。「墓穴を掘る」は文字通り dig one's own grave と言いますが、思いつかなかったときは「彼は不用意にしゃべり、それが彼のキャリアを台無しにした」とか、「ある状態に陥れる」という意味の get... into 〜 を使って、「彼の軽率な言葉が彼を大問題へと陥れた」などと言い換えてみてはどうでしょうか。

〔日本人の解答例〕

📘 He spoke carelessly and it ruined his career.

・His thoughtless words got him into big trouble.

・He dug his own grave by making a careless remark.

**N ◀)) 05** He dug his own grave with that careless remark.

**❻ このたびはお世話になります。**

　「このたびはお世話になります」はよく使う表現ですが、いかにも日本語的であり、英語にはこれに相当する表現がありません。他の問題とは異なり、「このたびはお世話になります」を別の表現に置き換えるのはかなり難しく、ある程度英語に親しんでいない限り思いつかないかもしれません。正解例としては、「前もってご支援・ご協力に感謝いたします」があります。

〔日本人の解答例〕

Thank you in advance for your support [cooperation].

**N ◀)) 05** Thank you for your help (with this).

# Chapter 4
# 発想をまったく変える

　次は居酒屋での会話です。

A：「何頼む？」→ B：「とりあえずビール」

A：「おい、あの子かわいくない？」→ B：「うわっ、何あの子。えぐっ！」

　「とりあえずビール」は、①「ビールを頼むことは決まっているので、それを頼む」、②「その他は今思案中」という意味ですね。でも、①と②のすべてを言う必要はなく、I'll have beer first.（まずはビールをもらう）と言ってメニューを読み続ければ、①と②両方の情報を伝えられますね。

　「えぐい」というのは、本来「あくが強くて、のどが刺激されていがらっぽい感じがする」とか、「むごたらしい」、「どぎつい」などの意味を表し、昨日食べたタケノコはえぐかったとか、事故の生々しい描写がえぐかったなどの例文に見られる形容詞です。しかし、最近ではいい意味でも使われているようです。冒頭の会話でも、extremely cute という意味で使われていますね。

　野球の試合で、相手ピッチャーがとても落差のあるフォークボールを投げてくるので三振してしまい、ベンチに帰って「あのフォークえぐいわ」と言ったら、この「えぐい」は「落差がむちゃくちゃ大きい」と言い換えることができますね。「むちゃくちゃ大きい」の「むちゃくちゃ」をどう言うかで悩んだら、いっそのこと別の表現に替えてしまいましょう。最も簡単なのが「とても」。あるいは、「ひどく」でもいいでしょう。「とても」は very で「ひどく」は terribly です。となると、「とても大きい」は very big でもいいですし、terribly big とも言えます。1 語で言うと、huge となります。文全体では、His splitter had a huge drop. などと訳せばいいですね。splitter は forkball でもいいですよ。

　このように、和文英訳の際に大切なことは、日本語のニュアンスを感じ、それを表すなるべく簡単な英語の表現を見つけることです。

## ▼発想をまったく変えて英文にする問題

# Question

では、次の各表現を英語に直してみましょう。ニュアンスを感じて、他の日本語の表現に置き換えてから英訳するのがコツですよ！

---

❶ ヤバイ！

---

❷ ビミョー。

---

❸ バッチリです。

---

❹ ないわあ。

---

❺ 終わってるなあ。

---

❻ なめるんじゃないよ！

▼発想をまったく変えて英文にする問題

# Questionの解答例と解説

### ❶ ヤバイ！

「ヤバイ」は、朝時計を見て遅刻しそうだと気づいた場合なら、Oh, no! でしょうね。へまをしてしまったら Oh, my gosh! とも言えます。会いたくない人が目に入ったら、Agh! (I have to hide.) や Uh-oh. (I have to get out of here.) など。

最近は、「ヤバイ」をいい意味で使うようにもなりましたので、おいしいものを食べて「これ、ヤバイ！」などと言うときは、This is great. や This is really good. が当てはまりそうです。かわいい女の子を見て「ヤバイ！」と言うなら、She's so cute. や She's gorgeous. と訳せますね。

**N** ◀)) **06** Oh, no!

### ❷ ビミョー。

これは本当に微妙な表現ですね。①「〜はどうだった？」と何かの感想を求められたとき、②「映画は面白かった？」のように Yes / No 疑問文で聞かれたとき、③「体調はどう？」などと現在の調子や状況を尋ねられたとき、④「明日の試合、勝てそう？」などと未来の推測を尋ねられたときなどに、「ビミョー」という答えを聞くことがありますが、これらは異なる英訳が候補として挙げられます。①の場合、hard to say が幅広く使えそうです。また、私が初めてパクチーを食べたときの感想、「ビミョー」なら、Hmm... interesting. もいけそうです。②は Not really. が候補です。③は Not so good. や So-so. など、④は It depends. や I'm not sure. などが考えられます。

**N** ◀)) **06** ・(Well,) It's [It was] OK...
　　　　　・It's hard to say.

· So-so.

### ❸ バッチリです。

「バッチリです」は場面によって使い分けなければなりません。「テスト、どうだった？」と尋ねられたときの答えとしては、(I think) I did very well. が最も簡単ですね。「楽勝でした」と言いたいのなら、It was very easy. または It was a piece of cake. としてもよいでしょう。「調子はどう？」や「もうかりまっか？」と尋ねられて「ばっちりです」ならば、Couldn't be better. がしっくりきますね。「商談はうまくいった？」という過去の話であれば、It went really well. や It couldn't have gone better. が使えます。「準備はできた？」の返事であれば、I'm completely ready. や I'm totally prepared. あるいは I'm all set. という表現も使えます。

Ⓝ📢06 · Perfect!
　　　 · Great!

### ❹ ないわあ。

「あの子かわいくない？」と言われて、「えぐい！」ではなく「ないわあ」と言いたいのなら、She's not my type. と言えますね。「彼と初めてデートに行ったら、連れて行かれたのがファミレス。ないわあ」ならば、I was really disappointed. と言えそうです。「英語テスト、何点取れそう？ 90点以上いける？」「ないわあ」ならば、(That's) Impossible! ですね。「その服装はないわ」ならば、That's (really) out of place. と言えますし、「そんな提案、通るはずがない」という意味で「ないわあ」と言いたいのなら、It's out of the question. と言います。
　　No way! と言ってもいいでしょう。

Ⓝ📢06 No way!

**⑤ 終わってるなあ。**

　ある男性が話題に上っており、「あいつ、終わってるなあ」と言うときは、He's finished. と言えますが、この英文だと「彼はやるべきことを終えた、完成した、仕上げた」という意味にも取れます。「(彼は)終わってるなあ」は、「彼はどうしようもない、お手上げだ、救いようがない」などと言えそうです。この中では、「どうしようもない」や「お手上げだ」は難しそうですが、「救いようがない」ならばいけそうですね。There's no hope for him. や It's all over for him. で通じます。He's a failure. という言い方もできますが、相当きつい感じがします。

**N ◀))06**　　・His days are done.
　　　　　　・He's past his prime.

**⑥ なめるんじゃないよ！**

　これは、「私を馬鹿にするな」という意味であれば、Don't try to make a fool of me. ですが、「私を甘く見るなよ（簡単に勝てると思うな）」という意味であれば、Don't underestimate me. (私を過小評価するな)です。けんか腰で言うときは、Who do you think you're talking to? (おまえ、だれに向かってしゃべっているんだ？)と言うかもしれません。また、「その問題が簡単に解決すると思うなよ」という意味であれば、Don't make light of the problem. (その問題を軽いと思うな、軽視するな)あるいは You have to take this more seriously. などと言えそうです。Don't moisten the tip of your pencil with your tongue! (舌で鉛筆の先をなめるな！)は……、あまり言うことはないでしょうね。

**N ◀))06**　　・Don't underestimate me!
　　　　　　・Show a little respect!

# Chapter 5

# 日本独自のものを説明するための6つの方法

　最近は肉食系女子とか、草食系男子という言葉をよく聞きますね。肉食系女子を直訳して carnivorous women とすると、文字通り肉を食べる女性たちという意味になってしまいますし、草食系男子を herbivorous men とすると、植物しか食べない男性たちということになってしまいます。今では、Japan's "carnivorous women" や Japan's "herbivorous men" などと言うこともあるそうですが、一般的ではないので、「肉食系女子」や「草食系男子」のような造語はそのニュアンスを伝えないといけません。

　肉食系女子を「男性との恋愛で積極的な態度やイニシアティブを取る女性」と定義すると、women who are proactive [assertive] and take the initiative in relationships with men や、women who are aggressive towards men などと言えそうです。草食系男子は、「女性にもてることや男らしさを特に望んでおらず、傷ついたり傷つけたりするのが苦手な男子」を意味するそうですので、men who don't really care about being manly or popular with women, and don't want to hurt anyone or to be hurt. などとすればわかってもらえると思われます。

　この例でもわかるように、日本的な事物を英語で説明する場合、関係代名詞節などの後置修飾が欠かせません。（後置修飾については、*p.*39 からの Part 2 Chapter 2『名詞句・名詞節の語順』参照）これらに加えて、be made of [from] や、look like、be like、あるいは関係副詞などは事物を定義するときに必需品となります。

　日本的な事物を英語で説明する方法はいくつかに分類ができます、ひと

つずつ見てみましょう。

　まずは「用途を説明する」という方法です。それが何に使われるものであるかを説明するには、be used when [to]...（〜するとき [ために] 使われる）や、we use it [them] for... [as... / to...]（私たちは〜のために／〜として／〜するために、それ [それら] を使います）などが便利な表現です。

　次に、「実態を説明する」という方法があります。それが何であるかを英語の語句で説明するものです。しかし、それだけでは不十分なので、いろいろな情報を加えていきます。

　例えば、「ししおどし」を英語で説明する場合、最初に It's a bird-and-animal scaring device.（それは鳥や動物を怖がらせる装置です）と言ってその実態を伝え、そのあとでそれがどのような形状で、どのように置かれていて、どうやって音が出るのかなどを説明していきます。のちに庭園などに設けてその音を楽しむようになったことを添えることもできますね。

　3 つめの方法が、「上位概念から説明する」というやり方です。食べ物、日用品、オフィス備品、スポーツ用品などのジャンルを言ってから、詳しく説明していきます。It's a kind of... や It's a type of... などが上位概念で説明するときに使う表現です。

　4 つめは、「似たものを言う」というものです。その代表的なものが、「お好み焼き」。「お好み焼き」を説明するときは、最初に It's like pizza. や It's like a pancake with meat and vegetables. などと似たものを挙げることで、聞き手にそのものをイメージしてもらったのちに、説明を加えていくという方法です。

　5 つめが、「材料を言う」という方法です。もちろん、これは上の 4 つの方法に加えてもかまいません。例えば「ししおどし」であれば、It's made of bamboo. などと説明します。お好み焼きならば、小麦粉（お好み焼き粉）、キャベツ、玉子、イカ、牛肉、豚肉などの食材を説明し、ソース、青海苔、削り節などで味つけをして食べるものだと伝えます。

最後が、「ＡはＢである」と「定義をする」という方法で、言葉の意味を明確に定める方法です。

## ① 用途を言う

**for... / used for... / in... / to...**

・*Sumi* is ink used for calligraphy and ink painting.
墨は書道と水墨画に使われるインクです。

## ② 実体を言う　Ａ＝Ｂの関係

**A is B.**

・An *oni* is an imaginary creature with horns.
鬼は角を持った想像上の生き物です。

**A means B.**

日本語の意味を直接的に伝える表現です。

・*Ashi-yu* literally means "foot bath."
足湯は文字通り「足のお風呂」という意味です。

## ③ 上位概念で説明する　Ａ＜Ｂの関係

**A is B. / A is a B.**

同時通訳者のかたも訳語が見つからなかったときに使う方法で、例えば *Unagi* is a fish.（ウナギは魚である）のように上位概念で言い換える方法です。

・A *yukata* is a traditional Japanese garment.
浴衣は日本の伝統的な服のひとつだ。

## ★発展系　〜の一種である

**A is a kind of B.**

a kind of... はとても便利な表現でいろいろな場合に使われます。

・*Somen* is a kind of noodle(s).
ソーメンはヌードルの一種です。

## ④ 似たものを言う

### A is like B.

· *Taiyaki* is like a Japanese-style waffle with sweet bean paste inside.
タイ焼きは中に甘い豆のペーストが入った日本スタイルのワッフルのようなものです。

### A is similar to B.

· *Shochu* is similar to vodka.
焼酎はウオッカに似ています。

### A is the Japanese version of B.

· *Kendo* is the Japanese version of fencing.
剣道は日本版フェンシングだ。

## ⑤ 材料を説明する

### made of / made from...

· Tofu and soy sauce are both made from soybeans.
豆腐と醤油は両方とも大豆から作られている。

## ⑥ 定義する

　①から⑤の方法で説明できないものは、最初に述べた「肉食系女子」や「草食系男子」などの例のように、言葉の意味を明確に定め、定義付けします。

　では、今までに説明したさまざまなテクニックを使って日本的な事物を英語で説明してみましょう。

　なお、この①〜⑥の方法を使ったトレーニングは Part 4 の Chapter 3 で行います。

# Question

次の写真を英語で説明してみましょう。

**❶ 床の間**

**❷ 御神輿**

**❸ 百人一首**

**❹ つみれ**

**❺ 精進料理**

# Question の解答例と解説

## ❶ 床の間

床の間は辞書を引けば alcove と出てきますが、我々にはなじみがない表現ですね。床の間の定義は「日本建築の座敷で床を一段高くした場所」であり、その用途は「生け花や置物を置いたり、掛け軸を飾ったりする」ことです。これを直訳すると、「座敷」「置物」「掛け軸」などでつまずきそうですから、それらの表現は避けて、知っている表現で代用することがポイントです。

日本的な事物を英語で説明する場合、まず説明文を箇条書きにし、それをどの文型で表すかを考えます。その後、同時通訳和英順・和文和訳で文を小さく分解していきます。日本的なものは英語で説明しにくい場合が多く、和文和訳がどれぐらいうまくいくかがポイントとなります。

なお、下の ■ や（ ）内の数字とアルファベットは語順表の文型番号を示しています。また＜　＞は後置修飾部分、(名①)など、「名＋丸数字」は、39 ページからの名詞句・名詞節の表の番号を表しています。㋑ は「もう少し詳しく説明すると」という意味で、関係詞を表しています。

・床の間は和室の中の少し高くなっている部分。

・生け花や飾り物を置く場所。

・よく床の間の壁に絵や書の巻物を掛ける。

＊以下、 1-A 1-B 2-A 3-A 4-A は p.43 〜 44 を参照してください。

| 2-A | 床の間は | イコール | 少し上げられたエリア＜(名■) 日本式部屋の中の＞ 、 |

| 1-A | ㋑ そこに／私たちは／置く／生け花や飾りものを 。 |

| 1-A | 私たちは | よく | 吊るす | 巻物を＜(名■) 日本画または書を伴った／その上に＞ |
| | | | | 壁に＜(名①) 床の間の＞ 。 |

A *tokonoma* is a little raised area in a Japanese-style room, where we put arranged flowers or decorations. We often hang a scroll with a Japanese picture or calligraphy on it on the wall of the *tokonoma*.

 A *tokonoma* is an alcove—a small corner space— in a Japanese house or apartment that is used to display traditional art like paintings, scrolls, or flower arrangements. People place different items in the *tokonoma* according to the season.

## ❷ 御神輿（おみこし）

「御神輿」を英語で言うと a portable shrine（持ち運び可能な神社）となりますが、なぜ神社を持ち運ばないといけないのかを聞かれる可能性があります。「御神輿には神様がお乗りになり、お祭りの際に地域の災厄や汚れを吸収して清めてください

ます。また、遷宮などで仮のお社（やしろ）に神体を移動したり、新築なったお社に神体を戻したりする際に使われます」をそのまま英語にしようと思うと、言葉が出なくなってしまいそうです。

こういうときこそ和文和訳して、より簡単な日本語に置き換える必要がありますね。以下のように簡単に説明してはどうでしょうか。なお、「清める」は「清らかにする」＝「pure にする」＝ purify を使います。

・御神輿はお祭りや行事で人々が肩に担ぐ移動式神社。
・御神輿には神様が乗られ、その地域を清めて回られる。
・御神輿は仮のお社や新しいお社に神体を移動する祭事や行事の中でも使われる。

**2-A** 御神輿は イコール

持ち運び可能の神社＜(名 **3**、1-A) ㊟ それを／男性が／運ぶ／肩の上で／祭や行事で＞、

**1-B** ひとりの神様が 乗る その御神輿の中に

そして **1-A** その神様は 清める その地域を

**4-A** それは また 使われる 移動するために／聖なる物体 (神体) を／

一時的な神社または新しい神社へ、そして一時的な神社または新しい神社から。

〔日本人の解答例〕

An *o-mikoshi* is a portable shrine that people carry on their shoulders in festivals or other events. A god rides in it and the god purifies the area. It is also used to move sacred objects to and from a temporary shrine or a new shrine.

N 08 **A *mikoshi* is a portable Shinto shrine that is carried through the streets during festivals. *Mikoshi* are designed to transport gods, so they actually look like miniature shrines. They are beautifully decorated and they often have gold roofs. *Mikoshi* are carried on poles on people's shoulders. They're very heavy, so it takes a lot of people to carry them.**

## ③ 百人一首

「百人一首」は 100 人の歌人の和歌をひとり一首ずつ選んで集めた歌集です。中でも藤原定家が選定した小倉百人一首は最も有名で、歌カルタにもなっています。日本の中学校では年明けに百人一首を行うところが多く、百人一首というとカルタのイメージがかなり強いと思います。したがって、百人一首を外国の方に説明する場合は、カルタのほうが重要な情報で、元々歌集だったこと

が付加情報として説明されることが多いと考えられます。カルタの情報を先に述べるときは、「百人一首は一種のカードゲームです」というふうに上位概念で説明します。

・百人一首とは、100人の歌人の短歌を1首ずつ集めたもの。
・百人一首は一種のカードゲーム。
・それを読み手が声に出して1枚ずつ読む。
・プレーヤーは読まれた短歌が書いてある札を取ろうとする。
・100枚のカードがあり、それぞれに短歌とそれを詠んだ人の肖像画がのっている。

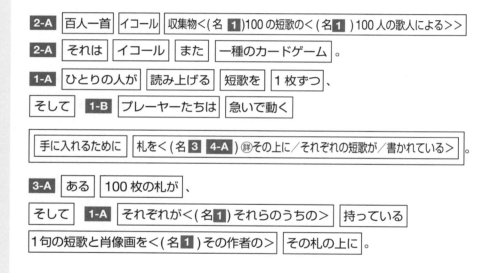

〔日本人の解答例〕

*Hyakunin-isshu* is a collection of 100 tanka poems by 100 poets. It's also a kind of card game. One person reads out tanka poems one by one, and the players race to get the card that each poem is written on. There are 100 cards, and each of them has a tanka poem and the portrait of the writer on it.

*Hyakunin-isshu* is a famous classical poetry compilation. It's a collection of one hundred *waka* poems by one hundred poets. *Hyakunin-isshu* is also the name of a traditional card game. Each card shows an illustrated poem from the collection. A person starts reading a poem out loud, and the players compete to pick up the card first.

## ❹ つみれ

つみれは「摘み入れ」からきた言葉で、魚のすり身に小麦粉や卵、塩などを加えてすりあわせ、手やスプーンなどで少しずつ一口大にすくい取り、ゆでたものです。これに対して、つくねは「捏ねる」(「こねる」または「つくねる」と読みます)が語源で、鶏の挽肉や魚のすり身などに卵、片栗粉などをすり混ぜて丸めたものを指します。材料ではなく、丸めるかどうかで名前が異なるのですね。いずれも作り方や見た目が西洋のミートボールに近いので、つみれは fish meatball と言うとわかってもらえそうです。

・つみれは魚のミートボール。
・つみれは魚のすり身、小麦粉、卵、そして調味料で作る。
・つみれは汁や鍋料理に入れたり、油で揚げたりする。
・つみれに似たものとしてつくねがある。
・つくねは鶏肉のミンチや魚のすり身に卵や片栗粉、調味料などを入れて作る。
・つくねは手で丸める。

| 2-A | つみれは | イコール | 魚のミートボール |。

| 2-A | つみれ | イコール |

混ぜもの<（名 **1**）ミンチにした魚、／小麦粉、／卵、／そして／調味料の＞|。

| 1-A | 私たちは | 入れる | つみれを | スープに | または | 鍋 |、

| 2-A | そしてそれは | イコール | 人気のある日本食の一種<（名 **5**）調理された／ポットの中で＞|、

| 1-A | 時々 | 私たちは | 油で揚げる | それらを |。

| 2-A | つくねは | イコール | 似ている | つみれに |、| しかし |

| 4-A | つくねは | 丸められている | 球体に |、| 4-A | そして | つみれは | そうでない |。

〔日本人の解答例〕

*Tsumire* is a fish meatball. It's a mixture of minced fish, flour, eggs and seasoning. We put *Tsumire* in soup or *nabe*, which is a popular kind of Japanese dish cooked in a pot. Sometimes we deep-fry them. *Tsukune* are similar to *tsumire*, but *tsukune* are rounded into a sphere, and *tsumire* aren't.

**N** ◀)) **10** *Tsumire* – They're basically meatballs, but they're often made with fish. The fish or meat is minced and mixed with other ingredients. *Tsumire* are often an ingredient in *nabe*, which is a kind of Japanese stew.

## ❺ 精進料理

　精進料理を和英辞典で引くと、vegetarian food や vegetarian diet などと書いてあります。しかし、これでは説明不足です。仏教の戒律では殺生を禁じられており、ベトナムから中国大陸、朝鮮半島を渡って日本にもたらされた大乗仏教では肉食そのものも禁じられましたので、僧侶のために創作された菜食料理を精進料理と呼びます。

・精進料理は元々仏教僧のために調理された菜食料理。

・仏教では殺生が禁じられているので、精進料理は野菜、豆類、穀類だけを使う。

・いくつかの精進料理は見た目も味も魚や肉のような手の込んだ作り方をされている。

・特に有名なお寺の周辺には精進料理を楽しめるレストランがたくさんある。

| 2-A | 精進料理は | イコール | 一種の菜食料理<（名 **5** ）元々／料理された／仏教僧のために> | 。 |

| 4-A | 仏教では、| 殺すこと／動物を | 禁止されている |、|

| だから | 1-A | 精進料理は | 使うだけ | 野菜類、豆類、そして穀類を | 。|

| 4-A | いくつかの精進料理は | 作り上げられている |

| 2-A | 見えるように／そして／味がする／魚や肉のように | 。|

| 3-A | ある | たくさんのレストランがく（名 **8** 、 1-A ）㊐そこで／あなたは／楽しむことができる／精進料理を> | 特に | 有名な寺の周辺に | 。|

*Shojin ryori* is a kind of vegetarian food originally cooked for Buddhist monks. In Buddhism, killing animals is prohibited, so *Shojin ryori* only uses vegetables, beans and grains. Some *Shojin ryori* dishes are made to look and taste like fish or meat.  There are many restaurants where you can enjoy *Shojin ryori*, especially around famous temples.

**N◀)）11** *Shojin ryori* – **This is a type of Buddhist cuisine served in temples. It is vegetarian, so it could be compared to vegetarian or vegan cuisine in other countries.**

# Part 4

## 日本語から英語へ
## 発想転換
## トレーニング

# Part 4 を始める前に

　ここからは、発想転換トレーニング、すなわち直訳しないトレーニングをたっぷり行います。

　ここでは、Part 3 で「日本語を英語に発想転換するために知っておきたい5つの方法」として説明した「同時通訳和英順」「主語を見つける」「和文和訳」「発想をまったく変える」「日本独自のものを説明するための6つの方法」を、上手に使って、日本語から英語への発想転換の練習をしていきましょう。

　**Chapter 1** は「日常会話を英語にする」、**Chapter 2** は「季節ネタを英語にする」です。いずれも和文英訳問題ですが、直訳できないものばかりで、和文和訳が必要になってきます。いかに自分が英語に直せるレベルの日本語に変換することができるかが勝負です。

　**Chapter 3** は「日本独自のもの」を英語で表すトレーニングです。①用途を説明する、②実態を説明する、③上位概念で説明する、④似たものを説明する、⑤材料を説明する、⑥定義をする、などの項目に分けて、日本的なものを説明するトレーニングをします。

　**Chapter 4** 「四文字熟語」を英語にするトレーニングです。ついつい四文字熟語に対応する英語を探してしまいがちですが、それぞれの四文字熟語がどういう意味なのかを確認し、それを英語で表してください。

Chapter 5 は「総合トレーニング」として「ある高校生の日記から」の表現を英語にするトレーニングです。ある高校の女子生徒はその日の出来事を日本語と英語で書いていましたが、私は彼女の発想と感性の豊かさにとても惹かれました。しかし英語に直しにくいものが多く、私自身いつも悩みました。みなさんも彼女のすてきな発想を楽しんだ上で、頭を捻ってみてください。

それぞれの問題の解答には、できる限り簡単な英語で表した初級レベル 🔰 と、高校で学習する語句や表現を使った解答例、そしてアメリカやイギリスのネイティブの解答例 **N ◄» 00** を載せています。

初級レベルの解答例には、ネイティブが「自分は言わない」とか「少し不自然」と指摘するものも含まれています。しかし、そうした表現を紹介するのが本書の特徴です。最初から完璧を求めると口が動かなくなるからです。

まず「英語ネイティブに通じる」ことを目指し、その上でネイティブならばどう表すかを尋ね、それを暗記することでアウトプットの力を伸ばす、という英語力向上プロセスの疑似体験をたっぷりしていただきたいと思います。

では、始めましょう。

# Chapter 1
## 日常会話を英語にする

次の文を英語にしてみましょう。

❶ 信号がなかなか青にならない。

❷ そこまで言うか？

❸ そんなにムキになるなよ。

❹ なにサボってるの。

❺ 最近、天気予報ってよく当たる。

❻ 仕事っぷりがようやくサマになってきましたね。

# Question **1** の解答例と解説

## ❶ 信号がなかなか青にならない。

　この問題のポイントは「なかなか」です。「なかなか青にならない」は「青になるのにとても時間がかかっている」と置き換えることができるので、「take ＋時間」が使えます。「必要とする」、「かかる」という意味の take は、人が主語になったり、物事が主語になったり、形式主語の it が主語になったりしますが、どれもほぼ同じ意味を表しますので、便利な表現です。なお、信号が「青になる」というのは、turn green と言います。中１や中２レベルの英語で表す場合、「信号が依然として赤だ」と和文和訳すると、似た意味を表すことができそうです。また、「信号はいつになったら青になるの？」と疑問文で表すこともできそうです。

〔日本人の解答例〕
💡 The light is still red.
・When will the light turn green?
・The light's taking a long time to turn green.
・It's taking a long time for the light to turn green.

**N** 🔊12 　・The light is not turning green.
　　　　・The light takes a long time to change.

## ❷ そこまで言うか？

　「そこまで言うか？」は、例えば上司が同僚をひどく叱っているときなどであれば、「ボスは彼に対してシビアすぎる」と言い換えることができます。「～に対してシビアだ」というときには on または with を使います。同僚が上司などの悪口を言っているのを聞いていて、そこまでぼろくそに言うか？と思ったときは、「そんなに（彼に対して）きつく言うなよな」と命令

文で言うことができます。「きつく言う」は「きつい言葉を言う」よりも「〜に対して厳しい／非情だ」とするのがふつうです。また、「あなたは言い過ぎている／行き過ぎている」とたしなめることもできます。「それは」を主語にすると、「それは言い過ぎだと思うよ」と言い換えることができます。

〔日本人の解答例〕

📘 The boss is too <u>severe</u> on him.

- Don't be so hard on him.
- You're going too far.
- I think that's saying (a little) too much.

**N**◀)12  · You don't have to go that far.
       · I think you're going overboard.

Ⓝ 英語的には正しいですが、severe よりも tough や hard のほうがよく使われていると思います。

### ❸ そんなにムキになるなよ。

　ムキになるというのは、ちょっとしたことに興奮したり本気で腹を立てたりすることを意味しており、「そんなに興奮するなよ」とか、「そんなに怒るなよ」と言い換えることができます。ムキになってしまう場面としては、ちょっとした冗談に対して真剣に腹を立てるときなどが考えられますので、「そんなに真剣になるなよ」とか、「それをそんなに真剣に受け取るなよ」などと言い換えることができます。また、人を興奮させるという表現は、excite の他に work up という表現もあります。work someone up や get worked up などの形で使います。

〔日本人の解答例〕

📘 Don't <u>get</u> so excited.

- Don't get so angry.
- Don't be so serious.
- Don't get worked up.

Ⓝ Don't get so excited. を Don't be so excited. にすると、「あまり期待しないほうがいいよ」という意味になります。

N 12 · **There is no reason to take it so seriously.**
· **Don't take it so seriously.**

## ④ なにサボってるの。

授業をサボってどこかにいるのを見つけられた場合は「授業をカットしたのか」や「授業をスキップしたのか」と言い換えることができます。学校をサボってどこかに隠れていたり遊んでいたりするのを親が見つけた時ならば、「なぜここにいるんだ!?」と言い換えることができますね。仕事や勉強をだらだら行っている人に注意するときは、「おい、一生懸命働けよな/勉強しなさい」とすると中学レベルの英語で表せます。work は homework のように勉強するという意味でも使えます。また、会社で仕事をせずにスマホで遊んでいたり、パソコンでウェブサーフィンをしたりしているところを見つかったら、「何してんの?今休憩中?」と皮肉られたり、「怠けるな!」と叱られたりしそうです。

N 通じると思いますが、言い方によって、怒っているかどうかはわかりにくいかもしれません。「頑張ってね!」の意味でも使えるので。

〔日本人の解答例〕
Hey, work hard!
· What are you doing? Are you taking a break?
· Don't goof off.
· Stop being lazy.

N 12 · **Why are you slacking off?**
· **Stop slacking off.**
· **Get back to work.**

**❺ 最近、天気予報ってよく当たる。**

　「よく当たる」は中学英語では「しょっちゅう正しい」と表せます。高校の単語ならば、「かなり正確である」と言い換えることができます。少し堅い表現だと、「正しいと証明する」とも言えます。「最近」を表す表現は recently や lately、these days、nowadays などがありますが、recently は過去形や現在完了形の文で用いられ、近い過去に起きた1回限りのことがらを述べる語です。lately は近い過去から現在まで継続していることや繰り返されていることを表す語で、現在完了形や現在完了進行形の文で用いられ、通常文末で使われます。these days は現在完了形の文で用いられることもありますが、主に現在形の文で用いられます。nowadays は現在形の文の文頭や文末、あるいは主語の直後で使われます。

〔日本人の解答例〕
🔖 The weather forecasts are often right these days.
・The weather forecasts are fairly accurate these days.
・The weather forecast has been proving right lately.
・The weather forecasts often get it right these days.

**Ｎ�))12** Recently, the weather forecast has been right on the mark [on target].

**❻ 仕事っぷりがようやくサマになってきましたね。**

　「サマになる」という部分を和文和訳すると、「よくなる」や「よく見える」などとなりますね。この文はある男性の新入社員のことを言っているとすると、「彼は覚えてきている／仕事のやり方を」とすると中学レベルの英語で表すことができます。高校レベルの表現を使って言うと、「彼は心地よく見え始めている／彼の仕事を伴って」とすることができます。「彼はするようになってきた／彼の仕事を／適切に」と言い換える場合、「〜する

ようになってきた」を表す英語表現は come to... や get to... などがあり
ますが、「練習や学習をするうちに身についてきた」という意味では learn
to... や learn how to... を使います。「彼の仕事っぷり」は「彼の働き方は
／よりよくなっている」と言い換えることができます。

> **N** ちょっと冷たいので、do the work 等のほうが
> いいと思います。do his job は Do your job!
> （ちゃんと仕事をしろ！自分の職責を果たせ！）
> のニュアンスに近いかもしれないので。

〔日本人の解答例〕

📘He's learning how to <u>do his job</u>.

・He's beginning to look comfortable with his job.

・He's learning to do his job properly.

・His way of working is becoming better.

**N**◄»**12** ・He seems to be getting the hang of it.

・It looks like he's finally getting into the rhythm
of the work.

# Question 2

次の文を英語にしてみましょう。

---

❼ 彼の手抜き癖はなかなか直らない。

---

❽ たまたま彼女は虫の居どころが悪かったんだろう。

---

❾ 飲み屋でぼったくりにあった。

---

❿ そのくらいの怪我でぎゃーぎゃー言うなんて
ちょっと大げさすぎるよ。

---

⓫ 彼女はいつも趣味のいい服を着ているね。

---

⓬ 彼女は叱られてもあっけらかんとしているね。

# Question 2 の解答例と解説

**7 彼の手抜き癖はなかなか直らない。**

　この文は、「彼は一生懸命働かない、しかし彼は気にしていない（と思われる）」などと言い換えてはどうでしょうか。高校英語のレベルの語句を使うと、「彼はいつもだらしない仕事をする、しかし彼はその態度を変えようとはしない」などとなります。「手抜きをする」は「運転手が交差点を曲がらず近道をする」という意味で、「角を切る」という意味のイディオム（cut corners）があるのでそれを使います。「手抜き癖」は「手抜きの習慣」とすればほぼ同じ意味になります。「癖が直る」は「その習慣から抜け出す＝外に出る」と言います。これらを使って、「彼は思えない／彼の習慣から抜け出すとは／手抜きの」などと置き換えることができますね。

〔日本人の解答例〕

He doesn't work hard, but he doesn't (seem to) care.

・He always does sloppy work but he doesn't try to change the attitude.

・He doesn't seem to get out of his habit of cutting corners.

**N◀》13** ・His corner-cutting habits don't seem to change.

・It seems like he's never going to get over his habit of cutting corners.

**8 たまたま彼女は虫の居どころが悪かったんだろう。**

　この文を中学レベルの英語で表すならば、「彼女は普段は腹を立てない／あのようなことについて、しかし私は思う／彼女は機嫌が悪かったと／そのとき」となります。「機嫌」は mood で表し、「機嫌が悪い」は「悪い機嫌の中にいる」と表現します。高校レベルの表現ならば、「それは思える

／彼女はたまたま機嫌が悪かったと」となります。文末の「だろう」は推量を表していますので、It seems that や It looks like, It sounds like などが使えます。もちろん、I think や I guess も使えます。朝起きてから何かずっと気分が悪いことを表すには、get up on the wrong side of the bed（米）や get out of the bed on the wrong side（英）という表現があります。こういう表現が使えると格好いいですね。

〔日本人の解答例〕

🔰 She usually doesn't get angry about such a thing, but I think she was in a bad mood then.

・It seems that she happened to be in a bad mood.

・She must have got up on the wrong side of the bed that day.

**N◀13** It sounds like she just happened to be in an irritable mood.


**❾ 飲み屋でぼったくりにあった。**

「ぼったくり」は「暴利」が動詞化した「ぼる」の派生語で、「むさぼる」の「ぼる」を取ったという説もあるようです。英語で「ぼったくる」は rip off や overcharge という表現を使いますが、これを知らなかったり思いつかなかったりした場合、「余計に料金を取られた」ことを伝えなければなりません。最も簡単な表現としては、「私はバーで飲んだ。それはあまりにも高価だった」となります。高校レベルになると、「私はバーで何杯か飲み物を飲んだ、そしてそれらははるかに高かった／思っていたより」と言い換えられます。また、「私は請求された／より多くの飲み物に対して／私が注文した」としても、「ぼったくられた」ことを伝えられますね。

〔日本人の解答例〕

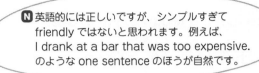

**N** 英語的には正しいですが、シンプルすぎて friendly ではないと思われます。例えば、
I drank at a bar that was too expensive.
のような one sentence のほうが自然です。

🔰I drank at a bar. It was too expensive.

・I had some drinks at a bar, and they were far more expensive than I had thought.

・I was charged for more drinks than I ordered.

・I was overcharged at a bar.

**N ◀)) 13** ・The bar ripped me off.

・I got ripped off at the bar.

---

**⑩ そのくらいの怪我でぎゃーぎゃー言うなんてちょっと大げさすぎるよ。**

　怪我という言葉が思いつかない場合、怪我を使わずに「パニックになるなよ。それは（その怪我は）そんなにひどくはないんだから」とすることができます。高校レベルであれば、「そんなに泣きごと言うなよ。ほんの軽い傷なんだから」となります。「ぎゃーぎゃー言う」は「大騒ぎ（fuss）する」と置き換えることができますから、「大騒ぎするな／そのくらいわずかな傷について」とすることもできます。「そのくらいの怪我」とは「軽傷」であることを意味していますので、「そのくらいのわずかな傷」とします。あるいは、「あなたは大騒ぎしすぎだ／そのくらいのわずかな傷をめぐって」などと言い換えることもできますね。

〔日本人の解答例〕

🔰Don't panic. It's not so bad.

・Don't whine [complain] so much. It's just a slight injury.

· Don't make a fuss about such a slight injury.
· You're making too much fuss over such a slight injury.

**N** ◀))**13** That was a little over the top to be screaming over a small injury like that.

**⑪ 彼女はいつも趣味のいい服を着ているね。**

　「趣味のいい服を着ている」を中学レベルの英語で表現すると、一番簡単なのは「彼女はいつもすてきな服を着ている」となるでしょう。あるいは、「私は思う／彼女が着ている服装はいつもすてきだと」なども候補です。また、「彼女の服装のセンスはいい」とすることもできます。「服装のセンス」は fashion sense や dress sense のいずれも使えます。「趣味がいい」というのは、物事の味わいや美しさを感じ取る能力が高いという意味で、「味、好み」という言葉で表します。「〜に関しての趣味」は「〜に興味がある」の「〜に」と同じで、「〜における好み」とします。文全体では、「彼女はよい好みを持っている／服において」となります。

〔日本人の解答例〕

📘She always wears nice clothes.
· I think the clothes she wears are always nice.
· Her fashion sense is really good.
· She has good taste in clothes.

**N** ◀))**13** · She has good fashion sense.
　　　· She's a tasteful [stylish] dresser.

## ⓬ 彼女は叱られてもあっけらかんとしているね。

　「あっけらかんとしている」は「けろっとしている」と同様に、「少しも気にすることなく平然としている」ことを表します。つまり、「まったく気にしない」という意味です。また、「叱られても」には、普段からあっけらかんとした性格で、叱られたときですらそうだという含みがありますので、全体的に和文和訳すると、この文は「彼女は叱られたときでさえ、彼女はまったく気にしていない」などと言い換えることができます。また、この文が、彼女が叱られた直後の会話だとしたら、「彼女は叱られたのに、それでも気にしていなかったね」などと言えます。その他の和文和訳としては、「彼女はたとえ怒鳴られていても、彼女は無頓着に見える」が考えられます。なお、「無頓着な、無関心な」は indifferent です。

　なお、「たとえ〜でも」は、話し手が事実であるとわかっていることについて言う場合は even though、事実であるかわからない場合や、そうなるかどうかわからない場合には even if を使います。

〔日本人の解答例〕

📘 Even when she gets scolded, she doesn't care at all.

・Even though she got scolded, she still didn't care.

・Even though she is getting yelled at, she looks indifferent.

**N**◀)) **13** ・Even when she gets scolded [yelled at / reprimanded], she acts like it has nothing to do with her.

・She looks indifferent [unfazed] even when the boss yells at her.

## Question 3

次の文を英語にしてみましょう。

⑬ 試合の雲行きが怪しくなってきた。

⑭ 土壇場の大逆転劇だったね。

⑮ 今日の俺の勘は神がかっている。

⑯ 今日の服装を同僚から一刀両断に切り捨てられた。

⑰ 仕事をさくっとすませてがっつり飲もう！

⑱ とことん自分を追い込まないと伸びないぞ。

# Question 3 の解答例と解説

## ⑬ 試合の雲行きが怪しくなってきた。

この文を和文和訳すると、「私たちのチームはよくやっていた／しかし状況がよくは見えない／今」などとなります。「雲行きが怪しくなってきた」を「…かどうか」を使って表し、「我々のチームはよくやっていた、しかし今、私は確信していない／彼らが勝つかどうか」とすることもできます。「私たちのチーム」は、選手の目から見ると「私たち」になるので、「私たちはうまくやっていた／しかし状況が変わった」、「私たちはしっかりやっていた／しかし物事は深刻になっている」と置き換えることもできます。また、「私は恐れる／潮の流れが我々に不利になっている／今」とします。「不利」は「さからって」という前置詞で表します。

〔日本人の解答例〕

- Our team was doing well but the situation doesn't look good now.
- Our team was doing well, but now, I'm not sure if they will win.
- We were doing well but the situation has changed.
- We were doing fine, but things are getting serious.
- I'm afraid the tide is against us now.

N 14
- Things are getting serious (in this match)!
- Things are looking bad for this match [game].

**⑭ 土壇場の大逆転劇だったね。**

　中学レベルの英語で表すと、「我々は負けていた／しかし我々は最後には勝った」となります。「土壇」は斬首のための台上の盛り土で、転じて「土壇場」は「物事が決まる最後の瞬間に」という意味を表します。「瞬間」は「1分」という語も使えますので、この文は「私はほとんど諦めていた、しかし状況がリバースされた／最後の1分に」などと言い換えることができます。「大逆転」は「背後から来る（come from behind）」と表しますので、「それは偉大な背後から来た勝利だった／最後の1分に」としたり、「180度回転する」ことを表す語（turnaround）を使って「あれは偉大な回転だった／最後の瞬間での」とすることもできます。

〔日本人の解答例〕

📕 We were losing but we won in the end.

・I almost gave up, but the situation was reversed at the last minute.

・It was a great come-from-behind victory at the last minute.

・That was a great turnaround at the last moment.

**N �))14** ・That was a huge comeback right at the last moment.

　　　　・They had a huge turnaround at the last minute.

**⑮ 今日の俺の勘は神がかっている。**

　「神がかり的な」は divine で、この語は To err is human, to forgive, divine.（過つは人の常、許すは神の心）という有名なことわざの中でも使われています。勘は intuition や instinct、hunch と言います。これらの

語を知っていれば中1レベルの英文構造で表せるのですが、そうでない場合は、「今日、すべての私の推測はずっと正しい。奇跡だ！」とすれば、近い意味を表すことができますね。また、「私の勘は今日は鋭い。私はとりつかれているかもしれない／超自然的現象によって」とすると、ドラマチックな表現になります。なお、God という語はむやみに使うべきでなく、「神のようだ！」とは言わないほうがいいと思われます。Oh, my God! も Oh, my goodness. や Oh, my Gosh! などと遠回しに言うことが多いですからね。

〔日本人の解答例〕

🛡Today, all my guesses have been right. It's (like) a miracle!

・My intuition is sharp today. I may be possessed by the supernatural.

・My instincts are almost divine today.

**N⑩14** ・Today my intuition is on fire!
　　　　・I'm on fire today!

⓰ **今日の服装を同僚から一刀両断に切り捨てられた。**

「同僚」が思いつかない場合は、「今日／私のオフィスのある人が言った／私の服はひどいと」などとします。高校レベルの表現を使って「一刀両断に切り捨てられる」を言い換えると、「今日／ひとりの同僚が言った／とても辛辣なあることを／私の衣装一式について」や、「今日／ひとりの共同労働者がゴミ扱いした／私の服を」などとなります。「ゴミ扱いする」は「ゴミ」という名詞を動詞として使います。また、「今日／ひとりの同僚が＜私のものの＞／私を斬った／粉々に／私の服について」と和文和訳することもできます。

　today は時を表す語なので通常後ろのほうで使われますが、英語は大切

な情報をあとに置く傾向がありますので、この文では today を文頭に持ってきます。today を文頭に置くのは文末焦点（end focus）の観点からです。（詳しくは p.59 参照）

〔日本人の解答例〕

📘 Today someone in the office said my clothes were terrible.

・Today a co-worker said something very harsh about my outfit.

・Today a co-worker trashed my clothes.

・Today a colleague of mine cut me into pieces about my clothes.

**N◀14** Today a co-worker made a cutting remark about my outfit [criticized my outfit].


**⑰ 仕事をさくっとすませてがっつり飲もう！**

「仕事をさくっとすます」は「仕事を素早くすます」と置き換えられますね。「がっつり飲む」はたくさん飲むことを表しますので、「我々の仕事を早く終えよう／そしてたくさん飲もう」とすると、近い意味が表すことができそうです。飲み過ぎるぐらい飲むというニュアンスを伝える表現としては、heavily や hard などもあります。「さくっとすませてがっつり飲む」を、いずれも as 〜 as... を使って「通り抜けよう／我々の仕事を／同じぐらいすぐに／私たちができるのと同じぐらい／そしてそれから飲む／同じぐらい大量に／我々が好きなのと同じぐらい」とすると高校レベルの表現になります。なお、このふたつの動作を結ぶときは and だけでもいいのですが、and then とすると、同時ではなく時間差があることが感じられます。

〔日本人の解答例〕

🔰 Let's finish our work quickly and drink a lot.

・Let's get through our work as soon as we can and then drink as much as we like.

**N ⏵14** ・**Let's get through our work fast and then drink hard [a lot]!**

・**Let's polish off our work and then polish off some drinks!**

・**Let's hurry up and finish so we can start drinking!**

**⑱ とことん自分を追い込まないと伸びないぞ。**

「自分を追い込む」は、「自分自身に厳しい」と言い換えられます。「伸びない」は「進歩しない」や「成長する」に置き換えて、「もしあなたが厳しくない／あなた自身に伴って、あなたは進歩しないだろう」などとします。「とことん」は「徹底的に」、「限界まで」という意味ですから、thoroughly や to the limit などの表現が使えますが、「厳しい」という意味の形容詞とはつながりが悪いので省略してもかまいません。「自分を追い込む」を「（機械や人を）動かす、駆り立てる、追いやる、追い詰める」という意味の動詞や、「押し込む」という意味の動詞を使って、「もしあなたが自分を追い込まないなら／一生懸命に働くように／あなたは前進しないだろう」と和文和訳することもできます。

〔日本人の解答例〕

🔰 If you're not strict with yourself, you won't improve.

・If you don't drive yourself to work hard, you won't make progress.

**N ⏵14** If you don't push yourself, you won't grow.

# Question 4

次の文を英語にしてみましょう。

⑲ その報告を聞いて頭を抱えてしまった。

⑳ お父さんの背中に哀愁が漂っている。

㉑ 居酒屋で聞こえてきた会話でその人の人生が垣間見えた。

㉒ 父親は概して娘には甘いものだ。

㉓ 彼女は褒められるとすぐに舞い上がってしまう。

㉔ どうしてそういう結論になるのか、イマイチよくわからない。

# Question **4** の解答例と解説

**⑲ その報告を聞いて頭を抱えてしまった。**

「頭を抱える」とは、心配や悩み事があって思案に暮れる様を比喩的に表す表現です。この文全体を中学レベルの英語で表すと、「私はどうしていいかわからなかった／その報告を聞いたとき」となります。高校レベルの英語で表すと、「私はゼロの考えを持っていた／何をしたらよいか（に関して）／私がその報告を聞いたとき」などとなります。「自分を見失った状態」を表す語（at a loss）を使って、「私は途方に暮れていた／何をしたらよいかについて／その報告を聞いたとき」とすることもできます。いろいろやってみたがうまくいかず、万策尽きてしまったという意味の「思考力、知力、機転の終わり・限界にいた」という意味の熟語（at one's witts' end）も使えます。文字通り頭を抱えてしまったということを表したいのなら「頭を両手の中に埋める」という意味の熟語（buy one's head）を使うとよいでしょう。

〔日本人の解答例〕

📘I didn't know what to do when I heard the report.

・I had no idea (as to) what to do when I heard the report.

・I was at a loss about what to do when I heard the report.

 ・I was at my wits' end when I heard the report.

・I buried my head in my hands when I heard that.

**⑳ お父さんの背中に哀愁が漂っている。**

このお父さんは仕事がうまくいっていないのでしょうか。文字通り背中だけに哀愁が漂っているのではなく、ため息をつくお父さんを背後から見ると悲しそうに見えるとしたほうが自然です。「背後から」は from behind

です。これさえわかれば、「私の父は悲しそうに見える／背後から」という中学レベルの英語で表せます。「背後から見ると」の「見ると」は「（悲しそうに）見える」と重複してしまうので不要です。高校レベルの英文では、「感じる、気づく、察する、感知する」という意味を表す動詞を使って、「私は悲しみを感知する／父を見ながら／背後から」などとすることができます。

〔日本人の解答例〕

🦪 My father looks sad from behind.

・I sense sadness looking at my father from behind.

**N ◀))15** My father looks weighed down with sorrow [melancholy].

**㉑ 居酒屋で聞こえてきた会話でその人の人生が垣間見えた。**

「居酒屋」は「日本スタイルのバー」としますが、izakaya でもかまいません。文全体を書き換えると、「ある男（女）性の会話を聞くことは／居酒屋で／手伝ってくれた／私を／学ぶのを／少し／彼（女）の人生について」となります。「たまたま聞こえる、超えて耳に入ってくる」という動詞 overhear を使って、「その会話は＜私がたまたま聞いた／居酒屋で＞／教えてくれた／その人の人生の一部を」とすると、無生物主語を使った高校レベルの文になります。「垣間見る」を「ちらりと見ること」を意味する語 glimpse で表し、「私は手に入れた／ちらりと見ることを＜ある人の人生の＞／私がたまたま聞いたとき／彼(女)の会話を／居酒屋で」とするのも一案です。

〔日本人の解答例〕

🦪 Hearing a man's [woman's] conversation at a Japanese bar helped me learn a little about his [her] life.

・The conversation I overheard at a Japanese-style bar told me part of the person's life.

· I got a glimpse of a person's life when I overheard his [her] conversation at an izakaya.

**N ◀ 15** · I caught a glimpse of a person's life when I overheard his [her] conversation at the izakaya.

· I got to know a little about the person when I overheard their conversation at the izakaya.

**㉒ 父親は概して娘には甘いものだ。**

「概して」は「ふつう、たいてい」と置き換えることができます。また、「甘い」は「厳しくない」で表すことができますので、「父親はふつう厳しくない／彼らの娘に伴って」とすれば近い意味を表せますね。usually を使う時、usually aren't strict とすると、「たいてい厳しくない」となりますが、aren't usually strict とすると、「たいてい厳しい、というわけではない」という部分否定とも取れます。その他には、「概して、父親はソフトだ／彼らの娘に対して」や、「一般的に言って、父親はやさしい／彼らの娘に対して」、「全体的に、父親は娘をスポイルする」などと言い換えることもできます。

〔日本人の解答例〕

🔰 Fathers usually aren't strict with their daughters.
· In general, fathers are soft on their daughters.
· Generally speaking, fathers are easy on their daughters.
· On the whole, fathers spoil their daughters.

**N ◀ 15** · Fathers are usually sweet to [indulgent with] their daughters.

· Fathers usually spoil their daughters.

㉓ 彼女は褒められるとすぐに舞い上がってしまう。

「舞い上がる」は「喜びすぎてしまう」や「嬉しくなりすぎる」などと言い換えます。ここで陥りやすいトラップは、「喜ぶ」という動詞は何かと考えてしまうことです。実は、英語では多くの場合「喜ぶ」を形容詞で表します。「彼女はほめられたとき、即座に興奮しすぎた状態になる」や、「彼女は賞賛を受けたとき、ただちに大喜びの状態（elated）になる」、などがその応用例です。また、「彼女は賛辞を述べられると、即座に空中に浮かぶ（歩く）」や「賛辞は彼女に感じさせる／世界の頂点にいると」などの熟語があります。「世界の頂点にいる」のはカーペンターズの有名な歌（*Top of the World*）で使われていますが、「有頂天」を表すときは最初の the は不要です。

〔日本人の解答例〕

📘 When she is praised, she quickly gets too excited.

・When she receives praise, she immediately gets elated.

・When she is complimented, she quickly floats on air.

・Compliments make her feel on top of the world.

**N** 🔊 **15** ・When she receives praise, she quickly gets carried away.

**T** このネイティブの無生物主語の文など、思わず「うーん」と唸りますよね。

・<u>Praise</u> goes straight to her head.

㉔ どうしてそういう結論になるのか、イマイチよくわからない。

「結論」という単語を思い出せない場合、「私は最後の部分が理解できない。なぜそう思うの？」と言い換えましょう。話し相手ではなく、「イマイチ」というニュアンスを加えるには、「私は完全にはわからない／なぜあなたが到達したのか／その結論に」や「私はよくわからない／どのようにして

あなたが到達したのか／そのような結論に」などとします。ly で終わる副詞は通常『どのように』の場所で使われますが、英語の特徴のひとつに文末焦点があり、ly で終わる副詞が文末に来て焦点が当たるのを避けるために、語順表の『付加』の部分でよく使われます。

〔日本人の解答例〕

· I don't understand the last part. Why do you think so?

· I don't completely understand <u>why</u> you reached that conclusion.

· I don't quite understand how you reached such a conclusion.

**N ◀》15** · I can't (quite) put my finger on why you [he / she / they] came to that conclusion.

· I can't (quite) figure out how that decision was reached.

· How exactly did you come to that decision?

# Question 5

次の文を英語にしてみましょう。

㉕ 彼の言うことはいつもピントが少しずれている。

㉖ あなたはすぐに感情が顔に出ますね。

㉗ 調子に乗って大騒ぎをすると近所迷惑だ。

㉘ 彼はぽかは多いけど力があると思うので
長い目で見てやりましょう。

㉙ 今回の件では彼女にとてもお世話になりました。

㉚ おまえ本当に要領が悪いな。

# Question 5 の解答例と解説

㉕ 彼の言うことはいつもピントが少しずれている。

　「ピント」という言葉はオランダ語の brandpunt（焦点）が語源で、英語ではありません。この文を和文和訳すると、「彼が話すとき、私はいつも感じる／（あると）少しギャップ（／彼と私たちの間に）」や、「彼が話すとき、私はいつも感じる／何かが違っている／私が聞きたいことからは」、「彼が言うことは／いつも少し違う／私たちが期待していることからは」などとなります。また、「言葉、発言（remark）」という名詞を使って、「彼の発言はいつもわずかに捉え損なっている／ポイントを」としたり、「彼の発言は＝いつも少しポイントを外れている」などと言い換えることができます。

〔日本人の解答例〕

🛡 When he talks, I always feel (there is) a little gap (between him and us).

・When he talks, I always feel something is different from what I want to hear.

・What he says is always a little different from what we expect.

・His remarks always slightly miss the point.

・His remarks are always a little off the point.

 ・What he says is always a little off the mark [point].

　・I feel he's often missing the point.

　・I feel we are never on the same page.

㉖ あなたはすぐに感情が顔に出ますね。

　この文を最も簡単に和文和訳すると、「あなたは上手ではない／あなたの感情を隠す点において」となります。高校レベルの英語のポイントのひとつとしては、ly で終わる副詞を語順表の『どんなだ』の部分と『付加』の部分で使い分けることです。ですから、この文の「すぐに」も『付加』の部分で使い、文末には「感情が顔に出る」を持ってきて強調します。「感情が顔に出る」の「出る」は、「見える、現れる、明らかにわかる」などの意味をもつ自動詞を使い、「あなたの感情は／簡単に見える／あなたの顔の上に」とするのも候補です。「感情が顔に出る」という意味のイディオムとしては、「袖の上に心臓をまとっている」（wear one's heart on one's sleeve）というものがあります。

〔日本人の解答例〕
🔖You are not good at hiding your emotions.
・Your emotions easily show on your face.
・You immediately wear your heart on your sleeve.

Ⓝ🔊16 ・You're the type whose feelings show on your face.
　　　・Your emotions always show on your face.
　　　・You are easy to read.

㉗ 調子に乗って大騒ぎをすると近所迷惑だ。

　この文が一般的なことを言っているとすると、「もしあなたがあまりにも興奮する／そして騒ぐと、あなたの周りの人が怒るだろう／あなたに伴って」と和文和訳できます。一方、これが、目の前で騒いでいる人をたしなめる場合は、「もしあなたが興奮したままで／このように大騒ぎを続

けると、あなたは近所の人に面倒をかける」などとします。「大騒ぎをする」
は「たくさんのノイズを作る」の他に、make a racketという言い方があ
ります。また、「もしあなたが調子に乗りすぎて／そして大騒ぎをしたら、
あなたは＝でしょう／やっかいな人／ご近所さんにとって」などと置き換
えることができます。

〔日本人の解答例〕

📖 If you get too excited and make noise, people around
　you will be angry with you.

・If you stay excited and keep making a lot of noise like
　this, you'll bother the neighbors.

・If you get carried away and make a racket, you'll be a
　nuisance to the neighborhood.

**N 🔊16** ・We'll bother the neighbors if we keep going
　　　　　 on making a ruckus like this.

　　　　 ・You'll disturb the neighbors if you get carried
　　　　　 away and make a lot of noise.

　　　　 ・If you keep making this much noise, you'll bother
　　　　　 the neighbors.

㉘ 彼はぽかは多いけど力があると思うので長い目で見てやりましょう。

　この文を和文和訳すると、「彼はたくさんの不注意ミスをする、しかし
私は思う／彼は立派になると、だから待ちましょう」や「彼はよく不注意
ミスをする、しかし私は思う／彼はたくさんの才能を持っていると、だか
ら待ちましょう／そして見る／どのように彼が成長するかを」、「彼はよ
く大失敗をやらかす、しかし私は信じている／彼は未加工のダイヤモンド
だと、だから取りましょう／長期的展望を（／そして彼に時間を与える）」
などとなります。「宝石などが未加工の」は「荒っぽい（rough）」という語

を使います。

〔日本人の解答例〕

🔖He makes many careless mistakes, but I think he will be great, so let's wait.

・He often makes careless mistakes, but I think he has a lot of talent, so let's wait and see how he grows [develops / matures].

・He often makes a blunder, but I believe he's a diamond in the rough [rough diamond], so let's take a long-term view (and give him time).

**N◀》16** He makes many careless mistakes, but I think he has potential, so let's take a long-term view [let's give him time / let's give him a chance].

**㉙ 今回の件では彼女にとてもお世話になりました。**

「今回の件」は文字通りに訳すと this matter となりますが、それが何か問題であったのなら this problem、警察で扱う案件だと this case、会社が何かの企画をしたのなら this project などを使います。この場合の「世話になる」は面倒を見てもらったというより、助けてもらった、援助してもらったというニュアンスです。ですから、この文を和文和訳すると、「我々はこの問題を解決することができた／彼女のおかげで」や、「彼女は私を助けてくれた／たくさん／この問題を解決するために／今回」とすると中学レベルの表現で表すことができます。結果はともかく、彼女にはたくさん助けてもらったことを言いたい場合、「彼女は大きな助けであった／この件を扱うことにおいて」とすることができます。

〔日本人の解答例〕

・We were able to solve this problem thanks to her.

・She helped me a lot to solve the problem this time.
・She was of great help in dealing with this matter.

**N ◀)) 16** ・She really looked out for me this time.
・She really helped me on this project.

**㉚ おまえ本当に要領が悪いな。**

　「要領が悪い」は物事を処理する際に無駄が多く、手際が悪いことを意味しています。これを中学レベルの英語で言うには、「おまえは時間を取る／どんなことをするためにも」とします。要領が悪い人は何をするにも無駄を生み出してしまいますから、「おまえは無駄にしている／たくさんの時間を／どんなことをするにおいても」や、「おまえはとても非効率的だ／そして遅い」などとしてみましょう。その他には、「組織化された、入念に計画・準備された、テキパキとした」などを表す語の反意語を使って、「お前は本当に非テキパキだな」などと言い換えることが可能です。

　なお、ネイティブのひとりは「アメリカ人はもっと如才なく、建設的に批判的な意見をするので、You を主語にしてこのようなことを言うのは通常避けます。したがって、主語を you から he / she に代えたほうがいい」とアドバイスしてくれました。

**N** everything のほうが anything よりもより自然です。

〔日本人の解答例〕
**▼** You take a long time to do <u>anything</u>.
・You waste a lot of time in doing anything.
・You're very inefficient (and slow).
・You're really disorganized.

**N ◀)) 16** ・You're not working efficiently.
・Work smarter.

次の文を英語にしてみましょう。

㉛ 彼女の発言にドン引きした。

㉜ 部下に注意したら逆ギレされた。

㉝ すったもんだしたあげくやっと話がまとまった。

㉞ 奴らを甘く見ると痛い目に遭うぞ。

㉟ 私の妻が昨日公園デビューを果たしました。

㊱ 彼がくすぶっているのはもったいない。

# Question **6** の解答例と解説

**㉛ 彼女の発言にドン引きした。**

「ドン引き」は元々放送業界の用語で、芸人のギャグが受けず、芸人をアップで写していたカメラが引いてしまったという意味から転じて、それまで盛り上がっていた場が誰かの発言や行動によって急にしらけたり気まずくなったりすることを意味しています。したがって、この文は「私たちは静かになった／彼女の言葉を聞いたあと」や、「私のスピリットは沈んだ／彼女がそれを言ったとき」などと表せます。他には、「彼女の発言は気まずい雰囲気を作り出した」や、「延期する、不快にする」というイディオム put off を使って、「私たちは不快にさせられた／彼女のコメントによって」としたり、「彼女の発言は濡れた毛布を投げた／その会話の上に」という意味の慣用句（throw a wet blanket on the conversation）も使えます。

〔日本人の解答例〕

📖 We became quiet after we heard her words.

・My spirits sank when she said that.

・Her remarks created an awkward atmosphere.

・We were put off by her comment.

・Her remarks threw a wet blanket on the conversation.

**N �))17** I was really turned off [put off] by her remark.

**㉜ 部下に注意したら逆ギレされた。**

「部下」は subordinate や a person working under... と言います。それが思い浮かばない場合、思い切って「私は上司として彼 [ 彼女 ] に注意をした」としてみてはどうでしょうか。「逆ギレ」は snap back などと言います。それを知らない場合は、「私はある男性 [ 女性 ] に上司として警告し

た、しかし彼（女）は腹を立て／そして私に言い返した」としたり、「私は
部下に警告した。しかし申し訳なく思うことからはるか遠く、彼〔彼女〕は
平静を失った」などとします。「てっぺん＝頭を吹き飛ばす」という意味の
イディオムを使って、「私は警告を与えた／私の部下に対して、しかし彼〔彼
女〕はかっとなった」とするのも一案です。

〔日本人の解答例〕

📘 I warned a man [woman] as his [her] boss, but he [she]
   got angry and talked back to me.

・I warned my subordinate. But far from being sorry, he
  [she] lost his [her] temper.

・I gave a warning to my subordinate, but he [she] blew his [her]
  top.

**N**�»**17** ・I gave my subordinate a warning, but [and] he
       [she] turned around and got mad at me.

       ・I scolded my subordinate, but he [she] talked back.


**㉝ すったもんだしたあげくやっと話がまとまった。**

　「すったもんだ」は意見の相違などで物事が決着せず、さんざんもめるこ
とを表しており、そのあげくやっと話がまとまったことは、たくさん議論
したあと最終的にはなんとか意見が一致したことを意味しています。この
文には主語がなく、これが自分が働いている会社と取引先との間での出来
事だとすると、中学英語での表現では「我々は最終的に彼らと同意した／
我々が彼らとたくさん［長い間］話し合ったあと」とすることができます。
また、取引先と我が社を一緒にして「我々は」として、「我々は同意に到達
した／たくさんの交渉のあと」としたり、「長い議論のあと／我々はコン
センサスに到達した」などと和文和訳することができます。

〔日本人の解答例〕

🔖We finally agreed with them after we talked a lot [for a long time / for quite a while].

・We reached an agreement after a lot of negotiations.

・After a long discussion, we finally reached a consensus.

**N �))17** After a lot of arguing, we finally came to an agreement.

㉞ 奴らを甘く見ると痛い目に遭うぞ。

　「甘く見る」は「過小評価する、低く見積もる、見くびる」という意味の動詞や「〜を軽く取る」などのイディオムを使います。「痛い目に遭う」は「困ったことになる」や「トラブルに巻き込まれることになる」、あるいは「苦しむことになるだろう」などを使うとよいでしょう。文全体としては、「もしあなたが思う／彼らを扱うのは簡単だと、あなたはトラブルの中にいるだろう」や、「もしあなたが彼らを軽く取ると、彼らはあなたを苦しめるだろう」、「彼らを低く見積もるな、さもなければあなたは大きなトラブルの中に入るだろう」、あるいは「考えるな／あまりにも軽く／彼らのことを、そうでないとあなたは苦しむだろう」などとします。

〔日本人の解答例〕

🔖If you think it's easy to handle them, you'll be in trouble.

・If you take them lightly, they will make you suffer.

・Don't underestimate them, otherwise you'll get into big trouble.

・Don't think too lightly of them, or you will suffer.

**N �))17** ・Don't underestimate them, or you will regret it.

・They are not to be taken lightly. They could cause you a lot of greaf.

㉟ 私の妻が昨日公園デビューを果たしました。

　「公園デビュー」は日本の文化に詳しくない人には意味がわからないと思います。「昨日、私の妻は行き始めた／子どもの遊び場に／私たちの子どもを伴って。たくさんの母親たちが公園に来る／子どもを伴って／そしておしゃべりすることを楽しむ／彼女たちが自分たちの子どもを世話している間」や、「昨日、私の妻が“子どもの遊び場デビュー”を果たした、そのことは意味している／あなたの子どもを連れて行くことを／遊び場に／初めて。母親たちは＜近所の＞集まり、そして彼女たちはおしゃべりする／自分の子どもの上に目を保つのと同時に」などと、「公園デビュー」とは何かを説明する文を加えます。

〔日本人の解答例〕

・Yesterday, my wife started going to a play park with our child. Many mothers come to the park with their children and they enjoy chatting while they are taking care of their children.

・Yesterday, my wife made her "Play Park Debut," which means taking your child [children] to a playground for the first time. Mothers in the neighborhood get together, and they chat while keeping an eye on their children.

**N ◀)) 17** Yesterday, my wife took our children to the nearby park for the first time.

㊱ 彼がくすぶっているのはもったいない。

　「くすぶる」というのは、「人の行動・状態がぱっとせず発展的でない、地位や状態などが、その段階にとどまったまま低迷している」などを意味しています。文全体では、「私は残念に感じる／彼が能力を見せていないということが」や、「それは気の毒だ／彼が彼の才能を無駄にしているとい

うことが」とすると、中学レベルの英語で表すことができます。また、「証明する、明確に示す、実演する」という動詞を使って「それは残念なことだ／彼が自分の本当の能力を示していないということが」としたり、「それは遺憾なことだ／彼の才能が示されていないということが」とすることもできます。

〔日本人の解答例〕

📘 I feel sorry that he isn't showing his ability.

· It's too bad that he is wasting his talent.

· It's a pity that he doesn't demonstrate his real ability.

· It's a shame that his talent hasn't been demonstrated.

**N ◀))17** · It's a shame his talent is being put to waste.

· It's a shame he isn't living up to his potential.

· That's such a waste of his talent.

# Question 7

次の文を英語にしてみましょう。

㊲ 忙しいときの1本の缶コーヒーの差し入れに
ほっこりとした気分になった。

㊳ もっと生活にメリハリをつけなきゃ。

㊴ 彼は失恋以来顔が死んでいる。

㊵ 彼は空気が読めない人だ。

㊶ 賽銭をけちると御利益がなくなるぞ。

㊷ チャラ男はまじうざいんだけど。

# Question **7** の解答例と解説

> ㊲ 忙しいときの1本の缶コーヒーの差し入れにほっこりとした気分になった。

　この文を和文和訳すると、「私は1本の缶コーヒーをもらった／とても忙しかったときに、そして私はリラックスした」と言い換えることができますね。また、「缶コーヒーを手に入れることは／同僚から／私がとても忙しかったとき／私をうれしくした」や、「私は無料の缶コーヒーをもらった／仕事仲間から／とても忙しかったとき、そしてそれは私をリラックスさせた」、「無料の缶コーヒーは＜私が手に入れた／同僚から／私が首のところまで上がっていたとき／仕事において＞／元気づけるものだった」などとします。

〔日本人の解答例〕

🔰 I was given a can of coffee when I was very busy, and I felt relaxed.

・Getting a canned coffee from a colleague when I was very busy made me happy.

・I got a complimentary can of coffee from a coworker when I was very busy, and it relaxed me.

・A complimentary canned coffee I got from a colleague when I was up to my neck in work was refreshing.

**N** ◀)18 ・I was happy to be given a can of coffee while I was busy.

・When I'm busy, getting a can of coffee is enough to make me happy.

・When I'm busy, just getting a can of coffee from someone makes my day.

㊳ もっと生活にメリハリをつけなきゃ。

「メリハリ（減り張り）」とは「ゆるむことと張ること」を意味しており、リラックスのあとに緊張が来るようなリズム感を表しています。したがって、この文は「あなたは集中すべきだ／あなたの仕事に、そしてそのあとリラックスする。明確な線を引きなさい」や、「あなたは明確な線を引くべきだ／働くこととリラックスすることの間に」などと言い換えられます。単調な生活を繰り返している相手に対してのアドバイスであれば、「あなたの生活を単調にするな。様々なことにトライしなさい」や、「あなたは多様にすべきだ／あなたの生活のペースを」、「バラエティを加えたほうがいいのでは／あなたの生活に」などとします。

〔日本人の解答例〕

🔰 You should concentrate on your work, and relax after that. Draw a clear line.

・You should draw a clear line between working and relaxing.

・Don't make your life monotonous. Try various things.

・You should vary the pace of your life.

・Maybe you should add variety to your life.

N📢18 ・Your life needs a change of pace.

　　　・You need more variety in your life.

　　　・Work hard, play hard.

㊴ 彼は失恋以来顔が死んでいる。

「失恋する」は様々な言い方があります。片思いが実らなかった場合はone's love for ～ was not returnedなどと言いますが、ここでは付き合っていた彼女と別れたと想定して英文を考えてみましょう。「顔が死んでい

る」は元気がなくて感情が顔に表れないことを意味していますので、一番簡単な和文和訳は「彼は感情を見せていない〔ゼロの感情が顔の上に見えている〕／彼のガールフレンドが彼のもとを去って以来」や、「彼は落ち込んでいる／彼がどさっと捨てられて以来／ガールフレンドによって」、「彼は生気がない表情を持っている／顔の上に／失恋して以来」、「彼は同じくらい生気がない／石と同じくらい／彼がガールフレンドと別れて [ して関係を絶って ] 以来」などとなります。

〔日本人の解答例〕

🔖 [He has shown no emotion / No emotion has shown on his face] since his girlfriend left him.

・ He has been very depressed since he was dumped by his girlfriend.

・ He has had a lifeless expression on his face since he lost love.

・ He has been as lifeless as a stone since he broke up with his girlfriend.

**N**◀))18 ・ He's had a lifeless expression on his face ever since he had his heart broken [ever since his girlfriend broke up with him].

・ He's been dead inside ever since they broke up.

---

**㊵ 彼は空気が読めない人だ。**

この文の最も直接的で簡単な英訳は、「彼は状況を読むことができない」です。もう少し詳しく説明して、「彼はしゃべりそして行動する／考えることなしに／どのように周囲の人が感じるだろうということを」などとすると、「空気が読めない」という表現のニュアンスがよく伝わると思われます。その他の和文和訳としては、「彼はしゃべりそして行動する／無頓着

に」が考えられます。「無頓着に」は、「他人の感情などをくむことができる、気を配る、敏感な」という意味の形容詞 sensitive に、否定を表す接頭辞 in と、副詞を構成する接尾辞 ly をつけた語を使います。

〔日本人の解答例〕

📘 He can't read the situation.

・He speaks and acts without thinking how people around him would feel.

・He speaks and acts insensitively.

**N**◀)18 ・He can't read the room.

・He is always awkward.

### 41 賽銭をけちると御利益がなくなるぞ。

「賽銭」は a money offering や money offered at a shrine or a temple などと説明することができますが、このセリフは神社か寺での賽銭をめぐる会話で出てきたものと想像されますので、聞き手はそれを説明してもらう必要はないと思われます。したがって、最も簡単に和文和訳すると、「もしあなたがとても少量のお金を入れたら、あなたの願い事は現実化されないでしょう」とします。また、賽銭を入れようとしない人には、「もしお金を捧げたくないのなら、幸運を期待することはできない」と置き換えるのも一案です。その他には、「ケチであるな／あなたのお金に伴って／あなたが賽銭箱にそれを入れるとき、そうでないとあなたは神様の加護を得られない」などと言い換えます。

〔日本人の解答例〕

📘 If you put a very small amount of money, your wish will never be realized.

・If you don't want to offer money, you can't expect good luck.

· Don't be stingy with your money when you put it in the offering box, or you will not be blessed.

**N ◀)) 18** If you skimp on offerings, there will be no divine blessings.

**㊷ チャラ男はまじうざいんだけど。**

　「チャラ男」は「チャラチャラした男」や「女性に対してだらしない男性」、「奇抜な服を着る男性」など、様々な意味があります。「チャラチャラした」は、「表面的な」や「浅い、浅薄な、軽薄な」などに置き換えることができます。「浅い」は文字通り deep の対義語 shallow を使うことができますが、「表面的で深みがない（ superficial ）」という形容詞と比較すると、やや軽蔑的な響きがあります。中学レベルの表現で言うと、「私は大嫌いだ／浅い男が＜彼のような＞」となります。また、「表面的な人＜彼のような＞は／本物の厄介者だ」や、「軽薄な男は本当にイライラする」や「遊び人＜彼のような＞は本当に鬱陶しい」などと言い換えることができます。「軽薄な」は frivolous、「遊び人」は flirt と言います。

〔日本人の解答例〕

🔖 I hate a shallow person like him.

· A superficial person like him is a real nuisance.

· Frivolous guys are really irritating.

· Flirts like him are really annoying.

**N ◀)) 18** Superficial guys are annoying!

# Question **8**

次の文を英語にしてみましょう。

---

**43** その話は聞かなかったことにしておきます。

---

**44** あいつのどや顔、むかつくよな。

---

**45** 彼女は天然です。

---

**46** 建前はそうだけど、本音はちがうでしょ。

---

**47** 失言に気がついて冷や汗をかいた。

---

**48** うまく言いくるめられてしまったような気がする。

# Question 8 の解答例と解説

**43** その話は聞かなかったことにしておきます。

　この文を和文和訳すると、「私は言うよ／私はこれを聞いていないと、OK？」や、「だれにも言うな／あなたが言ったということを／それを／私に」などとなります。また、「聞かなかったことにしておく」は「聞いたことを忘れる」と言い換えて、「私は忘れる／私がまさに聞いたばかりのことを」などとなります。また、「〜ことにする」というのは、事実とは違うふりをするということですから、「私はふりをするぞ／私は何も知らないという／そのことについて」や、「私はふりをするぞ／私はそのことを聞いていないという」と言い換えることができますね。

〔日本人の解答例〕

📖 I'll say I didn't hear this, OK?
・Don't tell anybody that you told it to me.
・I'll forget what I've just heard.
・I'll pretend that I don't know anything about that.
・I'll pretend that I didn't hear that.

[N]◀》19 I'll pretend I didn't hear that.

**44** あいつのどや顔、むかつくよな。

　「どや顔」とは、「どうだ！」を表す関西弁の「どや！」から来ており、勝ち誇った気持ちが表情に表れていることを表します。この様子を表す語としては、smug という自分の賢さや成功体験によって自己満足感を表しすぎた状態を表す形容詞があります。それを知らない場合は、「彼は誇りとしているように見える。私は腹が立っている／それを見て」や、「〜であると見える／彼が思っているように／彼はすごいと。それは不快だ」、「私

はうんざりさせられている／彼の誇り高い顔つきを伴って／彼の顔の上の」などと和文和訳します。smug を知っていれば、「彼は見せている／smug な顔つきを／彼の顔の上に／そしてそれが私を気分悪くする」と言い換えると、どや顔がむかつくことを表せますね。

〔日本人の解答例〕

📖 He looks proud. I'm angry to see it.

・It looks like he thinks he is great. It's disgusting.

・I am disgusted with his proud look on his face.

・He shows a smug look on his face and it makes me sick.

**N ◀))19** That guy looks so smug, it makes me mad.


### ㊺ 彼女は天然です。

　「天然」とは「天然ボケ」の短縮形で、意図してはいないが、間が抜けていて滑稽な様を表します。これを中学レベルの英語で表すと、「彼女は滑稽だ、しかし彼女はトライしていない／滑稽であることを」とすることができます。また、though を使って「彼女は滑稽だ、彼女は意図していないけれど」とすると高校レベルになります。さらに、「意図することなく、故意でなく」という意味の副詞 unintentionally を知っていると、「彼女は意図することなく滑稽だ」と簡単に表すことができます。「空気の頭＝頭の中に脳がない＝ばか」という意味の airhead や「どじ、間抜け」という goofball、あるいは「ばかな、とんまな、間抜けな」という意味の形容詞 goofy を使って、「天然ボケ」を表すこともできます。

〔日本人の解答例〕

📖 She is funny, but she doesn't try to be funny.

・She is funny, though she doesn't intend to.

・She is unintentionally funny.

· She is a natural airhead.

**N** ◀)) 19 · She's an airhead.

· She's a goofball.

**46** 建前はそうだけど、本音はちがうでしょ。

　これは「あなたが言ったばかりのことはすてきだ、しかしあなたは本当にはそう思っていない、正しい？」や、「あなたが言ったばかりのことはとても理にかなっている、しかしそれはあなたが本当に考えていることではない、でしょ？」などと和文和訳できますね。あるいは、「あなたはそれを言った／すてきな人であるために、しかしあなたの真実の感情は異なる、正しい？」と言い換えることもできますね。「建前」は表向きの方針を表しますので、「それはあなたの公的なスタンスだよね、でもあなたの個人的な意見は異なる、そうじゃない？」と言い換えるのも一案です。

〔日本人の解答例〕

W What you've said is nice, but you don't really think so, right?

· What you've said is very reasonable, but it's not what you are really thinking, is it?

· You said that to be nice, but your true feelings are different, right?

· That's your public stance, but your private opinion is different, isn't it?

**N** ◀)) 19 · That's your public stance, but your real feelings are different, right?

· That's what you say, but it isn't how you really feel, is it?

## · You're just saying that, right?

**㊼ 失言に気がついて冷や汗をかいた。**

　これは「私は取り乱した／私が言ったということを／何か間違ったことを／不注意にも」や、「私はしゃべったあとで、私は当惑した／知って／私は言ってしまった／あることを＜そうすべきでなかった＞」と和文和訳できます。この場合、「失言した」のは「気がついた」よりも前ですので、「気がついた」は過去形、「失言した」は過去完了で表すと時間差がよくわかります。また、break into... を使って「私は突然冷たい汗をかいた／私が気づいたとき／私が不適切な発言をしたと」や、「吹き出物や汗でいっぱいになる」という意味の break out in...を使って「私は冷や汗をかいた／悟ったときに／私がしてしまったことを／舌が滑ったことを」と表すこともでききます。

〔日本人の解答例〕

🔖I was upset that I said something wrong carelessly.

· After I spoke, I was embarrassed to know I had said something I shouldn't have.

· I broke into a cold sweat when I noticed that I had made an inappropriate remark.

· I broke out in a cold sweat when I realized that I had made a slip of the tongue.

**N** ◀) **19** · I broke into a cold sweat when I realized I'd made a slip-up.

· I couldn't believe what I'd said.

## ㊽ うまく言いくるめられてしまったような気がする。

例えば「私」が「彼」に言いくるめられてしまった場合、「私は彼の言葉には納得はしていなかった／しかし彼は上手な話し手、だから私は同意してしまった」とすることができます。また、「私は感じる／私は騙された／甘い話によって」などと置き換えることもできます。あるいは、「スムーズに話す人」（a smooth talker）という言葉を使って「私は思う／私は説得された／なぜならば／彼はあれほど口先がうまい人だから」や、文字通り「甘言」を表す動詞 sweet-talk ＋「説得などで〜させる」という意味の前置詞 into を使って、「私は思える／甘く話されたと／ yes と言うように」としたり、「私は感覚を持っている／私が落ちてしまったと／彼の巧みな（口のうまい）話が原因で」とすることもできます。

〔日本人の解答例〕

I wasn't satisfied [convinced] with his words but he is a good speaker, so I agreed with him.

- I feel I was deceived by sweet talk.
- I think I was persuaded because he's such a smooth talker.
- I seem to have been sweet-talked into saying yes.
- I have a feeling that I fell for his slick talking.

N 19
- **I think I was too easily persuaded.**
- **I think I fell for it too quickly.**
- **I think I was sucked into it.**

# Chapter 2
## 季節ネタを英語にする

### Unit 1 春

**Question 1** 次の文を英語にしてみましょう。

❶ 3月末に道路工事が多いのは帳尻合わせかな?

❷ 先日、仙台支社への異動の内示が出た。

❸ 引っ越し業者の作業の手早いこと。

❹ このところ、春眠暁を覚えずという感じです。

❺ 真新しいランドセルを背負った一年生の姿がほほえましい。

❻ 新緑がまばゆいですね。

## Unit 1 春 Question **1** の解答例と解説

### ❶ 3月末に道路工事が多いのは帳尻合わせかな？

　新たな道路建設は road construction を、新規に建設することも補修工事も表すには roadwork（英：roadworks）を使います。3月末の道路工事は新設より修繕のほうが多いと思われますので、修理、修繕を表す語や roadwork(s) を使うとよいでしょう。この文は「私はたくさんの道路工事を見る／3月末に。あれは予算を使い切ること？」や、「皆さんはたくさんの街路改良を見る／3月末に。私は〜だろうかと思う／それは帳簿のバランスを取るために」、「私は推測する／理由は＜なぜそんなに多数の道路補修があるのか／3月末に＞／＝帳尻合わせをするため」、「私は〜だろうかと思う／彼らはたくさんの道路修繕をする／3月末に／収支決算報告書が合うようにする」などと和文和訳します。なお、収支決算報告書は accounts と言います。

〔日本人の解答例〕

📖 I see a lot of roadwork(s) at the end of March. Is that to use up the budget?

・You see a lot of street improvement at the end of March. I wonder if it is to balance the books.

・I guess the reason why there are so many road repairs at the end of March is to make ends meet.

・I wonder if they do a lot of road repairs at the end of March just to make the accounts balance.

**N �))20**
・I guess the reason (why) there are so many road repairs at the end of March is to balance accounts.

・All the road work must be to use up the budget.

・A lot of roadwork takes place in March to use up the (rest of the) budget.

**❷ 先日、仙台支社への異動の内示が出た。**

　この文を和文和訳すると、「私は上司に言われた／私が動かされると／仙台支社に／先日」や、「私は通告された／内密に／私が転勤させられる予定だということを／仙台支社に／数日前」などとなります。「通告する」は notify という動詞を使います。内示は「事前の通知」などと言い換えることができます。「事前の」は名詞だと「進歩／前進」という意味です。「通知」は「通告する」の派生語である名詞です。何の発表であるかは of を使って説明しますので、この文は「私は与えられた／事前通知を＜私の転勤の／仙台支社への＞／先日」と言い換えることができます。

〔日本人の解答例〕

🔰I was told by my boss that I would be moved to the Sendai branch office the other day.

・I was notified in private that I was going to be transferred to the Sendai branch office a few days ago.

・I was given an advance notification of my transfer to the Sendai branch office the other day.

**N ◀》20** I was told I'll be moved [transferred] to the Sendai branch the other day.

**❸ 引っ越し業者の作業の手早いこと。**

　この文は自分が見た引っ越し業者のことを語っているとしたら過去形で、手際よい仕事をする業者の話をしていて、「引っ越し業者もすごいぞ」というときは現在形で表します。この文は前者だとすると、「労働者たち＜もう少し詳しく説明すると、その人たちは詰めて運んだ／物を／トラックまで＞／＝とても技能に満ちていて素早かった」と表すことができますね。また、「私は驚いた／見て／引っ越し業者が／詰める／物を／素早く」

や、「その引っ越し業者は／詰めて運んだ／物を／電光石火のスピードを伴って」、「私はとても驚いた／どれほどスピーディーに／引っ越し屋さんが詰めて運ぶ／家具などを」などと言い換えることができます。なお、引っ越し業者はアメリカでは mover、イギリスでは remover と言います。

〔日本人の解答例〕

📖 The workers who packed and carried things to their truck were very skillful and quick.

・I was surprised to see movers pack things very quickly.

・The removers packed and carried things with lightning speed.

・I was amazed how speedily the movers packed and carried the furniture and stuff.

**N**◀)) **20** The movers were so fast.

**④ このところ、春眠暁を覚えずという感じです。**

　これは、「私はよく寝過ごす／最近／なぜならば冬が過ぎた／そして暖かい」とすると簡単な英語で表せます。また、「"春眠暁を覚えず" は引用＜有名な中国の本からの＞、意味している "皆さんは寝過ぎる傾向がある／暖かく心地よい春の朝に。" これは真実だ／私にとって／今」とこのことわざを説明したり、「最近、私は生きています／そのことわざを／"春の眠りは知っている／ゼロの夜明けを。"」とすると、「最近、私は "春の眠りは夜明けを知らない" という諺通りの生活をしています」ということを表せます。

〔日本人の解答例〕

📖 I often oversleep these days because winter has passed and it's warm.

・"Shunmin akatsuki wo oboezu" is a quote from a famous Chinese book, meaning "You tend to oversleep on the warm, pleasant spring mornings." This is true for me now.

・Lately, I've been living the proverb, "Spring sleep knows no dawn."

**N** ◂))20 ・It's been hard to wake up because the mornings have been so (cozy and) warm.

・I've been enjoying my spring sleep.

❺ 真新しいランドセルを背負った一年生の姿がほほえましい。

　ランドセルは「背嚢(はいのう)」を表すオランダ語のranselからきており、日本で独自の進化を遂げたもので、緊張したり嬉しそうにしたりしている新小学1年生を見ほほえましいと思うのは、とても日本的です。「ランドセルはバックパック＜日本の小学生が使う＞。私が見るとき／小学1年生を＜新しいランドセルを伴った／背中に＞、それは私はほほえませる」や、「それは心地よい／見ることは／小学1年生を＜運んでいる／新しい日本式学生かばん(satchel)を／背中の上で＞」や、「小学1年生は＜真新しいランドセルを伴った、バックパック＜学童用の＞、縛られて／背中の上に＞／＝笑顔を引き起こすようだ」などと和文和訳してみてはどうでしょうか。

〔日本人の解答例〕

**N** first graders of elementary school は書き言葉で、話し言葉ではありません。
アメリカでは 1st grade＝小学1年生、中学1年生は6th grade です。アメリカ人と話をしているときは of elementary school は不要です。

❤ *Randoseru* is a backpack that elementary school students in Japan use. When I see first graders of elementary school with a new randoseru on their back, it makes me smile.

・It is pleasant to see first graders of elementary school carrying a new Japanese satchel on their back.

N この文は話し言葉というよりも書き言葉で書かれています。このようにカンマで区切られているのは書き言葉のスタイルです。

・First-year elementary school students with a brand new *randoseru,* a backpack for school children, strapped on their backs are smile-provoking.

N 20
- **It is charming [cute] to see first-graders carrying brand new school satchels on their backs.**
- **The sight of elementary school first-graders with their new bags makes me smile.**
- **Oh, the cheerful site of first-graders with their shiny new backpacks.**

## ❻ 新緑がまばゆいですね。

「新緑」は「新しい葉」や「青葉」、「新鮮な緑の葉」などと置き換えることができます。「まばゆい」は、和英辞典で引くとdazzlingやglaringなどが出てきます。しかし、これらの語は明るすぎて見られないことや、とても明るくてしばらくの間ものがしっかり見えない様を表しています。新緑がまばゆいというのは決して見えにくいほど輝いているというわけではなく、光り輝くほど美しいことを表していますので、「新しい葉は美しい」と言い換えられます。あるいは、「春のみずみずしい葉が輝いている」とすることもできますね。新緑は「晩春や初夏の若葉のつややかな緑」を表しますので、「みずみずしい初夏の若葉が太陽の光の中で輝いている」と言ってもよいでしょう。

N Fresh green leaves of spring are shining. でも通じますが、その場合には、The fresh green leaves と the をつけたほうがいいでしょう。Fresh green leaves of spring are shiny. は OK です。shining だと、そのあとに、例えば in the sun や in the rain のように、shining の理由があったほうが自然です。

〔日本人の解答例〕

New leaves are beautiful.

・Fresh green leaves of spring are shining.

・The fresh greenery of early summer is shining in the sun.

**N 20 ・The fresh greenery of early summer is glistening [shining] in the sun.**

**・The fresh summer leaves look beautiful in the sun.**

## Unit 1 春

### Question 2 次の文を英語にしてみましょう。

❼ 薫風緑樹を渡る季節となりました。

❽ あちこちの田んぼに水が引かれた。

❾ 新入社員は花見用の場所取りをしないといけない。

❿ このところ洗濯指数が高い。

⓫ 夜のカエルの大合唱が始まった。

⓬ 森林浴をすると癒やされるね。

**❼ 薫風緑樹を渡る季節となりました。**

　「薫風緑樹を渡る」とは、若葉の香りを漂わすさわやかな初夏の風が新緑の間を吹き抜けてくるイメージの言葉ですから、「初夏です。柔らかい風が葉っぱを通り抜けてやってきます」などと言い換えます。「柔らかい風」は文字通り訳しても通じますし、「優しい、穏やかな」という意味の形容詞も使えます。また、「そよ風」とすることも可能で、文全体で「今はその時だ／あなたが（香りを）かぐことができる／木の葉っぱを／新鮮な初夏のそよ風の中に」や、「その季節が巡って来た＜㊟ その頃には／初夏のそよ風が吹く／木々を通り抜けて／運びながら／喜びを与える匂いを＜新鮮な緑の＞＞」などと書き換えます。

〔日本人の解答例〕

🔖 It's early summer.  Soft winds come through leaves.

・It's that time when you can smell the leaves of trees in the fresh early summer breeze.

・The season has come around when the early summer breeze blows through trees carrying the delightful scent of fresh greenery.

**N ◀))21** ・The season has come when early summer breezes blow through the leaves and trees, carrying a delightful scent of fresh greenery.

　・You can smell the fresh summer air blowing through the trees.

⑧ **あちこちの田んぼに水が引かれた。**

　「あちこちの田んぼ」は、歩いたり車などに乗っていたりした時に見えた田んぼのことであればそれほど広い範囲ではないと思われますので、「このあたりの田んぼ」とします。「電車の車窓から見える田んぼ」であれば、「線路沿いの田んぼ」などとします。「水が引かれた」ことは「灌漑された」と表すことができます。最も簡単に言うと、「田んぼは＜このあたりの＞今、水で満たされている」となるでしょう。その他の和文和訳だと、「水が供給されてきている／田んぼに＜ここら辺すべての＞」や「農家の人たちが水を流入させた／自分の田んぼに／町中で」、「私は目に入る／田んぼが＜㊟それは／灌漑されたばかりの＞／あちらこちらで」などと言えるでしょう。

〔日本人の解答例〕

🛡The rice fields around here are now filled with water.

・Water has been supplied to rice paddies all around here.

・The farmers have let water flow into their paddy fields all around the town.

・I see rice fields that have been irrigated here and there.

**N**◀ **21** ・The rice paddies in the area are filled with water now.
　　　　・The rice fields are flooded this time of year.

⑨ **新入社員は花見用の場所取りをしないといけない。**

　「花見」は cherry bloossom viewing と言います。この文の「花見」は場所取りをしないといけないとなっており、飲食つきだと思われますので、「桜の花を見るパーティー」とすると花見の実態が伝わります。最も簡単な和文和訳だと「新しい働き手たちは／見つけてキープしなければならない／よい場所を＜楽しむための／桜の花と食べ物と飲み物を＞」となります。

その他には、「1年目の社員は／見つけないといけない／よいスポットを
＜桜の花見パーティーのための＞／そして広げる／シートを＜座るため
の＞」や「新たに雇われた被雇用者は／確保しなければならない／スポッ
トを＜桜の花見パーティーのための＞」などとします。

〔日本人の解答例〕

🔰 New workers must find and keep a good place to enjoy
cherry blossoms, food and drink.

・First-year employees have to find a good spot for the
cherryblossom viewing party and spread out [lay out] a
sheet to sit on.

・Newly hired employees must secure a spot for the cherry
blossom viewing party.

**N ◁)21** During cherry blossom season, new-hires [rookies]
have to go to the park early to save a spot for
everyone.

**❿ このところ洗濯指数が高い。**

「洗濯指数」とは、天気や気温、湿度などの予測から計算して、「大変よ
く乾く」から「ほとんど乾かない・部屋干し推奨」までの何段階かで表示さ
れます。「指数」という語が思いつかない場合、「天気がずっとよい／服
を乾かすためには」とします。また、「最近暑くて晴天だ、そしてそのこ
とは意味している／洗濯物が素早く乾くと」と和文和訳することもできま
す。「このところ」は、現在完了（継続）の文では lately を、現在形の文で
は these days を使います。

「洗濯指数」という言葉を使う場合、「洗濯指数が、それは専門用語＜関
連した／天気予報に／日本における＞、そしてそれは「意味している／ど
れぐらい早く洗濯された服が乾くかを、ずっと高い／晴れ続きが原因で」、

などと説明を加えましょう。

〔日本人の解答例〕

🔖 The weather has been good for drying clothes.

・It's been hot and sunny lately, which means the wash dries quickly.

・The laundry index, which is a term related to weather forecasting in Japan and means how quickly the laundry dries, has been high because of the sunny spell.

**N ◆》21** ・It's been perfect laundry weather.
　　　　 ・The laundry dries quickly these days.

### ⑪ 夜のカエルの大合唱が始まった。

　この文が過去の話であれば過去形、大合唱が始まったところだということを表す場合は現在完了形を使います。合唱と言えば chorus ですが、chorus は曲や合唱団などの人を表し、一緒に歌うという行為を表してはいません。a chorus of... なら一斉に声を出したり笑ったりすることを表すことができます。カエルが鳴くという語を知らなかったら「暗くなってから、雄のカエルが始めた／呼びかけることを／雌のカエルに対して／一斉に」とすれば伝わると思われます。croak という語を知っていれば、「カエルが鳴き始めた／大声で／田んぼで／夜に」や、「すごい鳴き声が＜カエルの＜田んぼの＞＞＜夜の＞／始まったところだ」、「大合唱が＜蛙の鳴き声の／夜の＞／始まったところだ」とします。

〔日本人の解答例〕

🔖 After dark, he-frogs [male frogs] began to call to she-frogs [female frogs] all together.

・Frogs started croaking loudly in the rice fields at night.

・Loud croaks of frogs in the paddy fields at night have

started.

・A large chorus of frogs croaking at night has started.

N ◆)) 21 ・The frogs have started croaking loudly in the rice fields at night.

・It's that time of year when the frogs croak loudly at night.

⓬ 森林浴をすると癒やされるね。

　この文の最も簡単に和文和訳は「私はリラックスできる／森の中を歩き回るとき」です。森林浴は 1980 年代に当時の林野庁が提唱した日本発祥のアクティビティで、英語でも shinrin-yoku と書かれることがよくあります。それを直訳した forest bathing や、forest therapy なども英訳として使われますが、一般的にはそれほど知られている用語ではありません。したがって、「私が治療の（therapeutic）散歩をするとき／森の中で、私は緊張をほどくことができる」や、「Forest bathing は、取り込むこと／癒やしの空気を＜森の＞、させる／あなたを／感じる／リラックスしている状態であると」などと説明を加えると親切です。

〔日本人の解答例〕

🔖 I can relax when I walk around in the forest.

・When I take a therapeutic walk in the woods, I can unwind.

・Forest bathing, taking in the healing atmosphere of the forest, makes you feel relaxed.

N ◆)) 21 ・Taking a walk in the forest is therapeutic.

・The forest is a great place to heal.

・Forest therapy, taking a walk in the  woods for relaxation, allows nature to healus.

# Unit 2 夏

## Question 1 次の文を英語にしてみましょう。

⑬ 衣替えの季節になりましたね。

⑭ 雨に濡れた紫陽花（あじさい）の色が鮮やかですね。

⑮ 梅雨はじめじめして鬱陶しいです。

⑯ この時期はカビが生えるので注意です。

⑰ 夏休み前で子どもたちが浮かれている。

⑱ 熱中症予防にはこまめな水分補給が必要だ。

⑬ 衣替えの季節になりましたね。

　日本の学校では、6月1日と10月1日に衣替えをしますが、春先に冬服を合い服に替えたり、初夏に半袖を出してきて長袖をしまったりするのも衣替えであり、日本の四季折々の季節感が反映された言葉です。

　着替えを表す最も一般的な表現は change clothes ですが、It's time to change clothes. とすると「(朝夕の) 着替えの時間だ」と受け取られてしまいますので、6月の衣替えならば、「今は季節だ＜着替えのための／夏服への＞」などとします。また、「我々は替える必要がある／春服から夏服へ」や、「今は時期だ＜替えるための／夏服の中へと＞、そうじゃない？」などと付加疑問文を使うのも一案です。現在完了を使って、「時期が＜季節的な衣服の交換の＞／やってきた」とすることもできます。

〔日本人の解答例〕

🔖 It's the season for changing to summer clothes.

・We need to change from spring clothes to summer clothes.

・It's time to change into summer clothes, isn't it?

・The time for a seasonal clothing change has come.

**N** ◀》22　・It's time to switch out our clothes.

　　　　・It's time to put up our summer clothes and take out our winter clothes.

　　　　・It's time to put away the winter clothes and take out the summer clothes.

　　　　・It's time for the seasonal clothing change.

**⓮ 雨に濡れた紫陽花の色が鮮やかですね。**

　「雨に濡れた紫陽花の色は」ならば一般化された紫陽花ですから冠詞を
つけず複数形にして hydrangeas としますが、「雨に濡れた紫陽花の色
が」ならば特定な紫陽花を指しますので、the hydrangeas となります。
hydrangea という語を知らない場合、(*ajisai* は、大きな花＜㊙ それは変
える／その色を／薄青色から青紫色そして淡紅色に、美しい／雨の中で」
などと言うと、聞き手も生活体験から紫陽花を想像してくれると思われま
す。hydrangea という語を知っている場合、「紫陽花が＜濡れた／雨を伴っ
て＞／明るく生き生きとしている」や「色が＜紫陽花の＜濡れている／雨
の中で＞＞／鮮やかだ」などとします。この場合の「鮮やか」はイギリスの
方がよく「素晴らしい」という意味で使う語です。

〔日本人の解答例〕

🔖 *Ajisai*, the big flowers that change their colors from light
　blue to purple blue and light red, are beautiful in the rain.

・(The) Hydrangeas wet with rain are bright and vivid.

・The colors of (the) hydrangeas wet in the rain are brilliant.

**N ◀)) 22** Hydrangea colors look brilliant [shine brilliantly] in
　the rain.

**⓯ 梅雨はじめじめして鬱陶しいです。**

　ある中学生がこの文を英訳した時、彼女は「梅雨」や「じめじめしている」、
「鬱陶しい」という英語表現を知らなかったので、「この季節は好きではあ
りません／なぜならば雨がたくさん降り／そして空気が乾燥していないの
で」と表しました。彼女は「湿っている」という語が思い浮かばなかったよ
うですが、中2の語句だけでも何とか伝えようとした積極性が印象に残り
ました。「梅雨」と「鬱陶しい」という単語が分かれば、「梅雨においては、

気候は湿気が多く、そしてそれはイライラさせる」と中1レベルの文で表すことができます。その他の表現としては、「私は気分が滅入る／湿気によって＜梅雨の＞」とか、「湿った気候が＜梅雨の＞／私の気分を落ち込ませる」などが考えられますね。

〔日本人の解答例〕

🔖I don't like this season because it rains a lot and the air is humid.

・In the rainy season, the weather is humid and it's annoying.

・I'm depressed by the humidity of the rainy season.

・The damp weather of the rainy season gets me down.

**N ◆)) 22** ・The humidity is oppressive during the rainy season.
・The humidity really weighs you down.

---

**⑯ この時期はカビが生えるので注意です。**

カビは食べ物などに生える緑色、灰色、黒色のカビを mold（英：mould）、革製品や布、壁紙などに生える白カビを mildew と言います。これらを知らなければ、「この季節、／何か白いものや緑のものが／生える／食べ物の上に／そして湿った場所に、だから我々は注意しなければならない」などと言えばいいでしょう。これらの語を知っていれば、「梅雨の間は、mold が生える／食べ物の上に／そして mildew が生える／革、服、紙や壁の上に、だから我々は注意する必要がある」や、「我々は注意しなければならない／ mildew や mold のことを／この時期に＜1年の＞」などとします。

〔日本人の解答例〕

🔖(In) This season, something white or green grows on food and in wet places, so we have to be careful.

· During the rainy season, mold grows on food and mildew grows on leather, clothes, paper and walls, so we need to be careful.

· We have to be careful of mildew and mold at this time of year.

**N ◀))22** We need to watch out for mold (and mildew) during the rainy season.

**⑰ 夏休み前で子どもたちが浮かれている。**

「子どもたち」は、親が言ったのであれば our children や the children、先生が言ったのであれば the students です。「夏休み前で」を before (the) summer vacation とすると、「夏休み前に浮かれている」となりますので、「子どもたちはとても興奮している／夏休みが始まるということに／じきに」や、「子どもたちはとても興奮している／その考えに＜夏休みという＞」などとします。また、「夏休みがこちらに向かってきている／そして子どもたちはいる／上機嫌の中に」と言い換えることもできますが、「上機嫌」は「高い精神状態（high spirits）」と表します。クリスマスソング "Winter Wonderland" の最後のほうの "Let's frolic and play the Eskimo way" という歌詞に出てくる語を使って、「子どもたちははしゃいでいる／なぜならば夏休みが近づいているから」とする案もありますが、やや古風な表現です。

〔日本人の解答例〕

🔖 The children are very excited that summer vacation will start soon.

· The children are very excited at the thought of summer vacation.

· Summer vacation is coming and the children are in high spirits.

· The kids are frolicking because summer vacation is approaching.

⑱ 熱中症予防にはこまめな水分補給が必要だ。

　「こまめな」は「頻繁に」や「たびたび」に言い換えられます。「熱中症」は「とても暑いときは、皆さんは飲む必要がある／たくさんの水を」としたり、「もし皆さんが飲まないなら／水を／とてもしょっちゅう／皆さんがいるとき／暑くて湿度が高い場所に／長時間、皆さんはもらうだろう／頭痛、発熱、またはけいれんを」と言えば伝わります。heatstroke や「再び満たす、新たに補充する」という意味の動詞 replenish を知っていると、「皆さんは補充する必要がある／皆さんの水を／頻繁に／防ぐために／熱中症を」や、「頻繁な水の取り入れ＝必要だ／予防のために＜熱中症の＞」と和文和訳できます。

〔日本人の解答例〕

🔖 When it's very hot, you need to drink a lot of water.

· If you don't drink water very often when you are in a hot and humid place for a long time, you will get a headache, fever, or cramps.

· You need to replenish your water frequently (in order) to prevent heatstroke.

· Frequent water intake is necessary for the prevention of [to prevent] heatstroke.

**N**●))**22** · When it's hot, you need to drink lots of [a lot of] water.

　· You need to stay hydrated in this heat.

　· Stay hydrated so you don't get heatstroke.

## Unit 2 夏

# Question 2 次の文を英語にしてみましょう。

⑲ 今年は空（から）梅雨だそうで水不足が心配される。

⑳ 一晩中エアコンをつけっぱなしで寝冷えしてしまった。

㉑ 海の家は畳が砂だらけになりやすい。

㉒ このところ熱帯夜が続いて寝苦しくて仕方がありません。

㉓ 盆の墓参りは蚊除けが必要だ。

㉔ 盆が明けると朝夕がしのぎやすくなる。

⑲ 今年は空梅雨だそうで水不足が心配される。

　「空梅雨」は「梅雨に雨があまり降らない」や、「梅雨の間ほとんど雨が降らない」などと表せます。この文を中学レベルの英語で言うと、「私は聞いている／今年は、雨が降るだろう／とても少量／梅雨の間に。私は恐れている／我々は持たない／十分な水を」となります。また、「彼らは言っている／我々は少量の雨を持つだろう／梅雨の間に／今年。心配がある＜水不足についての＞」とすると少しレベルが上がります。「〜だそうで」を「天気予報によると」と置き換えて、「天気予報によると、我々は持つだろう／乾燥した梅雨を／今年、だから可能性がある＜水不足の＞」とすることもできます。

〔日本人の解答例〕

🔖 I hear (that) this year it will rain very little during the rainy season.  I'm afraid we will not have enough water.

・They say (that) we will have little rain during the rainy season this year.  There is concern about a water shortage.

・According to the weather forecast, we will have a dry rainy season this year, so there is a possibility of a water shortage.

**N◄)) 23** ・They say it won't rain much this rainy season [this year], so there could be a water shortage.

・It'll be a dry rainy season this year, and they're worried about a water shortage.

・The forecast says it's going to be a dry rainy season, so there could be a water shortage.

・It may not rain much this year, so there could be a water shortage.

**⓴ 一晩中エアコンをつけっぱなしで寝冷えしてしまった。**

この文は「私は病気になった／なぜならば私は消さなかった／エアコンを／そして寝た／寒い部屋で一晩中」や「私は病気になった／なぜならばエアコンが動いていた／一晩中／そして私の体は冷たくなりすぎた」とすると中学レベルの英語で表せます。高校レベルの英文にする場合、「私は風邪を引いた／なぜならば私は置き去りにした／エアコンを／オンの状態で／眠っている間に」とします。「～を……したままで」という付帯状況を表す with を使うと、「私は具合がよくない／なぜならば私は寝た／エアコンを伴って／オンの状態で／一晩中／そして冷えた」となります。

〔日本人の解答例〕

📘 I got sick because I didn't turn off the air conditioner and slept in a cold room all night.

・I got sick because the air conditioner was working all night and my body got too cold.

・I caught a cold because I left the air conditioner on while asleep.

・I don't feel well because I slept with the air conditioner on all night and got cold.

**N ◀)23** ・I slept with the AC on and got sick.
・I left the AC on all night, and now I'm sick.

**㉑ 海の家は畳が砂だらけになりやすい。**

「海の家」は日本の夏の風物詩であり、説明が必要です。この文を和文和訳すると、「畳は＜家の＜浜辺の＞人たちのための＜楽しんでいる／水泳を＞＞／しばしば覆われている／砂を伴って」などとなります。この場合、「家」を修飾する「浜辺にある／砂浜の上の」をあとに持ってくると「砂浜の上で

泳ぐ」ことになってしまうので、先に持ってきます。その他には、「皆さんは見ることができる／たくさんの砂を／畳マットの上に＜小屋の＜休憩と軽い飲食物のための＞＜浜辺に建てられる／夏に＞＞」や、「畳マットは＜ビーチハウスの＞、場所＜軽い飲食物のための／そして着替えのための／水泳のための＞、傾向がある／砂だらけである」などが考えられます。

〔日本人の解答例〕

🔖 The tatami of the house on the beach for people enjoying swimming is often covered with sand.

・You can see a lot of sand on the tatami mats of huts for rest and refreshments built on beaches in summer.

・The tatami mats in beach houses, places for refreshments and changing clothes for swimming, tend to be sandy.

**Ｎ 🔊23** The tatami mats in the beach huts are always covered in sand.

**㉒ このところ熱帯夜が続いて寝苦しくて仕方がありません。**

　「熱帯夜」は夜になっても外気温が 25 度を下回らない夜を指す気象用語で、気象キャスターとして人気のあった倉嶋厚さんの造語とされますので、直訳しても通じません。「ずっととても暑い／夜に／だから私は眠れない／よく」や、「暑すぎる／眠るためには／ぐっすりと／夜に／最近は」などと和文和訳しましょう。熱帯夜を説明する場合、「ずっと 25℃を超えている／夜に／そしてそれがずっとしている／それを／難しく／眠ることを／よく」などとします。25℃は twenty-five degrees Celsius や twenty-five centigrade と読み、Celsius は摂氏温度計を創案したスウェーデンの天文学者の名前で、「摂氏」や「セ氏」と訳されます。

〔日本人の解答例〕

🔰 It's been so hot at night that I can't sleep well.

・It's too hot to sleep soundly at night these days.

・It's been over 25℃ at night and it's been making it hard to sleep well.

**N◀)23** ・It's too hot to sleep these days.
・I can't sleep well in this heat.

㉓ 盆の墓参りは蚊除けが必要だ。

　これを和文和訳すると、「我々が訪れるとき／我々の家族の墓を／盆に、我々は必要がある／何か＜保つための／蚊を／離れて＞」となります。insecticide という語を知っていれば、「皆さんが行くとき／皆さんの先祖の墓に／盆祭りの間に、忘れないように／持って行くことを／殺虫剤を／あなたに伴って」とすることもできます。蚊が近寄らないようにするのは mosquito repellent（蚊除け）です。「盆」を知らない人に対しては、「日本には、伝統がある＜訪れるという／墓を＜我々の先祖の＞ある時期の間に＜呼ばれる／盆と＞／真夏に。我々は持って行く必要がある／蚊除けを／私たちに伴って／そのとき」などと教えてあげましょう。

〔日本人の解答例〕

🔰 When we visit our family grave during *Bon*, we need something to keep mosquitos away.

・When you go to your ancestors' graves during the *Bon* Festival, don't forget to take insecticide with you.

・In Japan, there is a tradition of visiting the graves of our ancestors during a period called *Bon* in mid-summer. We need to take mosquito repellant with us at that time.

・ If you visit a gravesite during *O-bon*, don't forget insect repellent!
・ We always take mosquito repellent with us when we visit family gravesites in August (during *O-bon*).

㉔ 盆が明けると朝夕がしのぎやすくなる。

「盆が明けると」は「盆が終わったあとは」や「盆のあとは」とします。「しのぐ」は「耐え忍んで何とか大変な状況を乗り切る」ことを意味していますが、それを直訳すると長くなりそうですから、「盆のあとは、少し涼しくなる／朝と夕方は」とすると言いたいことは理解してもらえそうです。また、思い切って視点を変えて「皆さんは耐えられない／暑さが＜朝と夕方の＞／盆前は、しかし皆さんはできる／そのあとは」とするのも一案です。また、「盆のあとは、暑さが和らぐ／朝夕に」や、「盆の期間が終わったあと、より容易になる／耐えることが／暑さを＜朝夕の＞」とする方法もあります。

〔日本人の解答例〕

After *Bon,* it becomes a little cooler in the mornings and evenings.

・ You can't stand the heat in the mornings and evenings before *Bon*, but you can after it.

・ After the *Bon* Festival, the heat eases in the mornings and evenings.

・ After the *Bon* period is over, it becomes easier to bear the heat in the mornings and evenings.

・ The weather starts to cool down after *O-bon*.

・ The mornings and evenings get cooler after *O-bon*.

# Unit 3 秋

## Question 1 次の文を英語にしてみましょう。

㉕ 子どもが夏休みボケで気合いが入っていない。

㉖ いつのまにかセミの声がコオロギの鳴く声に変わった。

㉗ よく食べるね。天高く馬肥ゆる秋とはよく言ったもんだ。

㉘ 運動会の人集めは骨が折れる。

㉙ バナナは遠足のおやつに入りますかと聞くやつが絶対いた。

㉚ 大学祭はお笑い芸人の登場で一気に盛り上がった。

㉕ **子どもが夏休みボケで気合いが入っていない。**

　「夏休み」は「授業のない時期」という意味では the をつけません。この文を和文和訳すると、「夏休みが終わり、そして学校が始まった、しかし子どもたちは依然としてだらけている」などとなります。「学校が始まった」というのは「授業」や「学校生活」という意味ですので、summer vacation 同様に the は不要です。その他の和文和訳としては、「夏休みが終わったところだ／しかし子どもたちの脳は依然として休暇中、そして働いていない」や「2 学期が始まったところだ／しかし子どもたちは戻っていない／軌道に／まだ」、あるいは「子どもたちは依然として夏休みモードの中にいる／新学期はすでに始まっているけれど」などが考えられます。

〔日本人の解答例〕

🔖Summer vacation ended, and school started, but the children are still lazy.

・The summer vacation has ended, but the children's brains are still on vacation, and aren't working (properly) yet.

・The second term has just started but the children haven't gotten back on track yet.

・Children are still in summer vacation mode though the new term has already started.

**N** ◄))24 ・School has started, but the children are still in summer (vacation) mode.

　・The children are having a difficult time winding down after the summer break.

㉖ いつのまにかセミの声がコオロギの鳴く声に変わった。

　voice は人が話すときに作り出す音を意味していますので、虫の鳴き声は鳥が「鳴く」というときに使う語 chirp や、「歌う」という語を使います。「いつの間にか」は、「今気がついた」と言い換えて、「1 カ月前は、セミがとてもうるさかった。私は気づいた／今はコオロギが歌っていることに」とすると同じ意味を伝えられそうです。また、「私が知る前に」、「私の気づきなしに」などと言い換えて、「知らないうちに、鳴き声＜セミの＞は変わった／コオロギのそれに」や、「歌うことのノイズが＜セミの＞／取って代わられたところだ／心地よい鳴き声によって＜コオロギの＞／私の気づきさえなく」と和文和訳することもできます。

〔日本人の解答例〕

🔖Just a month ago, the cicadas were very noisy. I have noticed that crickets are singing now.

・Before I knew it, the chirping of cicadas changed to that of crickets.

・The singing noise of cicadas has been replaced by the soothing chirp of crickets without my even noticing.

**N**◀)24 ・One day the cicadas are singing, and the next day it's crickets.

・The sound of cicadas was soon replaced by the sound of crickets.

㉗ よく食べるね。天高く馬肥ゆる秋とはよく言ったもんだ。

この文は、「あなたはたくさん食べる。私は思う／日本の有名なそのことわざ、"秋に、空は澄み、そして馬は太る"＝正しい」や「あなたは大食漢だ。それはうまく言われている／ということ／秋には、空がとても澄んでいる／そして馬は太ると」などと言い換えます。あるいは、「あなたはよく食べる人だ。私は信じる／そのことわざの正しさを＜という／秋には、空はとても澄み／そして馬はたくさん食べる＞」や、「あなたは食べると思われる／永遠に。そのことわざは"秋に、空はとても澄み／そして馬は育つ／でっぷりとした"／当てはまる／あなたにとって」とする方法も考えられます。

〔日本人の解答例〕

🍂 You eat a lot. I think the famous Japanese saying, "In fall, the sky is clear, and horses become fat," is right.

・You are a big eater. It is well said that in fall, the sky is very clear and horses get fat.

・You are a good eater. I believe in the saying that in autumn, the sky is so clear and horses eat a lot.

・You seem to eat forever. The saying "In autumn, the sky is so clear and horses grow stout" holds true for you.

Ⓝ◀)) 24 You have a big appetite. You know what they say: the sky is high and the horses are getting fat.

㉘ 運動会の人集めは骨が折れる。

「人集め」は gathering people とすると「人を集合させる」という意味になるので、「それは大変だ／ゲットすることは／あなたができるのと同じくらいたくさんの人々を＜参加するための／スポーツデーに＞」や「ゲットすること／可能な限りたくさんの人を＜参加するための／フィールド

デーに＞／取る／たくさんの時間とエネルギーを」などとします。また、「リクルートすることは／人々を＜参加するための／コミュニティのスポーツ行事に＞／＝大変な仕事」や、「それは骨が折れる／かり集めることは／参加者を＜コミュニティの運動大会に＞」などと和文和訳します。「骨が折れる」は laborious、「かり集める」は round up です。

〔日本人の解答例〕

📙 It's hard to get as many people as you can to join the sports day.

・Getting as many people as possible to join the field day takes a lot of time and energy.

・Recruiting people to take part in the community sports event is a hard job.

・It's laborious to round up participants for the community athletic meet.

**N◀24** Getting enough people to participate in field day is tough [hard] work.

㉙ バナナは遠足のおやつに入りますかと聞くやつが絶対いた。

　遠足のおやつ代は上限が設定されることを説明しないと、この文の意味はおそらくわかってもらえないと思いますので、「我々が遠足に行く前に、常にいた／生徒が＜註 その生徒は尋ねた／先生に／バナナはおやつかどうか＞、なぜならば／金額は＜我々が費やすことができた／おやつに対して＞／制限されていた／先生たちによって」や、「我々が遠足（school outing）を持ったとき、我々は許されなかった／費やすことを／お金を／おやつに対して／前もってセットされた量以上に。だから常にいた／だれかが＜註 その人は／尋ねた／先生に／かどうか／バナナはカウントされるか／おやつに」などと和文和訳しましょう。

〔日本人の解答例〕

Before we went on a school excursion, there was always a student who asked the teacher whether a banana was a refreshment, because the amount of money we could spend for refreshments was restricted by the teachers.

・When we had a school outing, we were not allowed to spend money for refreshments over the preset amount. So there was always someone who asked the teacher if a banana would be counted (as) a refreshment.

**N 24 The amount of money we could spend on snacks (during school trips) was limited, so a student would always ask if bananas counted as a snack [if that included bananas].**

### ㉚ 大学祭はお笑い芸人の登場で一気に盛り上がった。

この文は、「あるコメディアンが現れたとき／大学祭で、全員が大興奮した」や、「登場が＜あるコメディアンの＞／盛り上げた／大学祭を」などと言い換えます。「盛り上げる」はliven upです。「大学祭」を主語にして「大学祭は／達した／そのクライマックスに／登場に伴って＜あるコメディアンの＞」や「大学祭は／最高潮になった／あるコメディアンが現れたとき／舞台の上に」などとすることもできます。最高潮であることは、be in full swingなどで表すことができます。

〔日本人の解答例〕

When a comedian appeared at the college university (campus) festival, everyone got so excited.

・The appearance of a comedian livened up the university (campus) festival.

・The university (campus) festival reached its climax with the appearance of a comedian.

· The college campus festival was in full swing when a comedian appeared on the stage.

**N ◀)) 24** **Everyone was excited to have the comedian appear at the university festival.**

## Question 2 次の文を英語にしてみましょう。

③ 現在紅葉前線が南下中です。

③ 最近うちの犬の抜け毛がひどくてね。

③ 紅葉を見ながら、温泉にでもつかってゆっくりしたいな。

③ 今年はボジョレーヌーボーの当たり年らしい。

③ 一雨ごとに秋の深まりを感じる。

③ 今年は文化の日と勤労感謝の日が３連休だ。

## Unit 3 秋 Question **2** の解答例と解説

**㉛ 現在紅葉前線が南下中です。**

「南下」を直訳して down south とすると、「イギリス南部へ」や「アメリカの南部の州へ」という意味にも取れますので、from north to south や southward を使います。紅葉は「秋の葉っぱ」と訳します。この文は、「今／紅葉はなっている／黄色と赤に、／北から南へ」や、「そのエリアは＜㊟そこであなたは楽しめる／美しい紅葉を＞／広がっている最中／南方へ」、「北限のエリアが＜秋の葉っぱの＞／動いている／南方へ／今」、「"秋の葉前線" が、その線は＜見せている／最北の部分＜紅葉の＞＞、進んでいる／南へ／今」などと和文和訳します。「北限」は northern limit、「最北」は northernmost です。

〔日本人の解答例〕

🔖 Now leaves are turning yellow and red, from north to south.

・The area where you can enjoy beautiful autumn leaves is spreading southward.

・The northernmost area of autumn leaves is moving southward now.

・" The autumn leaves front," the line showing the northernmost region of autumn leaves, is going [moving] south now.

**N ◀25** Japan takes on autumn colors from north to south.

**㉜ 最近うちの犬の抜け毛がひどくてね。**

歯や毛が抜けるのは、「外へと落ちていく」と表したり、「失う」と言った

りします。ですから、この文は「我々の犬は／失い続けている／たくさんの毛を／最近」と和文和訳します。これは現在完了進行形の文で表します。また、「ずっとある／たくさんの毛が＜我々の犬の＞／フロアに／最近」や、「我々の犬の毛が／ずっと抜けている最中だ／ひどく／最近」などと和文和訳したりすることができますね。いずれにしても、抜け毛が続いていることを示すために、現在完了や現在完了進行形の文を使うのがポイントです。現在形を使った言い方だと、「我々は掃除機をかけないといけない／とてもしょっちゅう／取り除くために／我々の犬の毛を／最近」などとなります。

〔日本人の解答例〕

📘 Our dog has been losing a lot of hair recently.

・There has been a lot of hair from our dog on the floor lately.

・Our dog's hair has been falling out badly recently.

・We have to vacuum very often to remove our dog's hair these days.

**N** ◀ッ **25** ・There's dog hair everywhere these days.

・Our dog has been losing [shedding] a lot of hair recently.

・Our dog has been shedding a lot (of hair) these days.

**㉝** 紅葉を見ながら、温泉にでもつかってゆっくりしたいな。

hot spring は文字通り地下から湧き出てくる熱いお湯を意味しています。spa はベルギーの温泉地の名から来ており、ミネラルを豊富に含んでおり、健康のためにそのお湯に浸かったり、泳いだり、飲んだりする温泉を表しています。したがって、美と健康のために行く温泉施設は spa が使われます。この文は、「私は楽しみたい／目を向けることを／紅葉に／温泉で／そしてリラックスする」や、「私はリラックスしたい／スパで／楽しみながら／紅葉を」、「私は取りたい（入りたい）／ゆったりした

（leisurely）お風呂を（に）／スパで／そして鑑賞したい／美しさを＜紅葉の＞」、「それはすてきだろうなあ／つかることは／温泉に／目を向けながら／紅葉に」などと和文和訳します。

〔日本人の解答例〕

📘 I want to enjoy looking at autumn leaves in a hot spring and relax.

・I would like to relax in a spa enjoying autumn leaves.

・I want to take a leisurely bath in a spa and appreciate the beauty of autumn leaves.

・It would be nice to soak in a hot spring looking at the autumn leaves.

**N ◀)25** ・I want to soak in a hot spring and look at autumn leaves.

・I want to relax and enjoy looking at autumn leaves in a hot spring.

**㉞ 今年はボジョレーヌーボーの当たり年らしい。**

「当たり年」は農作物の収穫がとても多い年を表しますが、ボジョレーヌーボーの場合はおいしいという意味であると考えて、「私は聞いている／ボジョレーヌーボー、（ボジョレーヌーボーとは）ワイン＜作られた／ブドウから＜収穫された／今秋／フランスのボジョレーで＞＞、＝とてもいい／今年」や、「彼らは言う／今年のボジョレーヌーボー、（ボジョレーヌーボーとは）最初のワイン＜その年の／フランス、ボジョレーからの＞、＝とてもおいしい」などとします。あるいはワインにかけて、through the grapevine（うわさで）という慣用句を用いて「私は聞いた／ブドウの蔓を通して／今年はいい年だと／ボジョレーヌーボーにとって」とするとおしゃれですね。

〔日本人の解答例〕

🔖 I hear Beaujolais nouveau, wine made from grapes harvested this fall in Beaujolais, France, is very good this year.

・ They say this year's Beaujolais nouveau, the first wine of the year from Beaujolais, France, is very delicious.

・ I heard through the grapevine that this is a good year for Beaujolais nouveau.

**Ⓝ ◀))25** I hear the first wine of the season will be [is supposed to be] good this year.

㉟ 一雨ごとに秋の深まりを感じる。

　「深まり」は「深くなる」や「進む、前進する」という動詞で表したり、「だんだんと寒くなってきている」と言い換えたりします。「一雨ごとに」は「雨が降るたびに」や「毎回の降雨のあとで」とします。「感じる」は「五感・直感で分かる、気づく」という動詞も使えます。この文を和文和訳すると、「私は感じる／だんだん涼しくなってきていると／雨が降ったあと」や、「毎回雨が降ると、私は感じる／肌寒くなってきていると」、あるいは「私は感じる／秋が／移行している／冬へと／毎降雨に伴って」などとなります。また、「～のような感じがする」という意味の it feels like を使って、「感じがしている／もっと秋のような／毎降雨を伴って」とするのも一案です。

〔日本人の解答例〕

🔖 I feel it's getting cooler and cooler after it rains.

・ Every time it rains, I feel it's getting chilly.

・ I feel autumn is moving into winter with every rainfall.

・ It's feeling more like autumn with every rainfall.

**Ⓝ ◀))25** It seems to get cooler every time it rains.

**㊱ 今年は文化の日と勤労感謝の日が3連休だ。**

　「文化の日」はそのまま訳しますが、「勤労感謝の日」は「労働感謝祭の日」と訳します。この両者がいずれも3連休を構成するのは、文化の日が月曜日で、勤労感謝の日が日曜日のときだけです。「3日間の」を表す three-day という形容詞を使うと、「今年は、文化の日は月曜日／そして勤労感謝の日は日曜日、だからそれらは作る／3日間の休日を」や、「今年は、文化の日が／＝／3日間の休日のひとつ、そしてそうだ／＝／勤労感謝の日」、「今年は、文化の日と勤労感謝の日の両方が／作る／3日間の週末を」などとできます。また、「3連休」を「3連続の休日」として、「今年は、文化の日と勤労感謝の日の両方が／作り上げる／3連休を」と和文和訳することもできますね。

〔日本人の解答例〕

🔖 This year, Culture Day is Monday and Labor Thanksgiving Day is Sunday, so they make three-day holidays.

・This year, Culture Day is a three-day holiday, and so is Labor Thanksgiving Day.

・This year, both Culture Day and Labor Thanksgiving Day make three-day weekends.

・This year, both Culture Day and Labor Thanksgiving Day make up three consecutive holidays.

**N** ◀)) 25 ・This year, Culture Day will be on a Monday, and Labor Thanksgiving Day will be on a Sunday, so we'll get two three-day weekends.

・This year there's a three-day weekend for both Culture Day and Labor Thanksgiving Day.

**Question 1** 次の文を英語にしてみましょう。

㊲ 年末スケジュールで納期が繰り上がって大変だ。

㊳ 忘年会のはしごで胃がおかしい。

㊴ おせち料理の名前は縁起のいい語呂合わせが多い。

㊵ お正月は何と言っても駅伝だね。

㊶ 久々に帰省して里心がついた。

㊷ 老体には寒さがひとしお身にしみる。

## **Unit 4 冬** Question **1** の解答例と解説

**㊲ 年末スケジュールで納期が繰り上がって大変だ。**

「納期」は物品の納期であれば「配達・配送の日付」、金銭の納期であれば「支払いの日付」とします。また、「配送締め切り」とすることもできます。「繰り上がる」は「前方に動かされる、持ってこられる」などとします。文全体で、「我々は働かないといけない／より懸命に／年末に／なぜならば我々は配送しないといけない／物品を／もっと早く／普段より」となります。「物品」は「もの」の複数形で表せます。他には、「今は年末だ／そして配送締め切りが／持ってこられている／前方に、だからそれは本当に大変だ」や、「我々は大変な目に遭う／年末に／なぜならば配送締め切りが動かされる／前方に」などが候補です。

〔日本人の解答例〕

🔰 We have to work harder at the end of the year because we have to deliver [turn in] things earlier than usual.

・It's the end of the year and delivery deadlines are brought forward, so it's really hard.

・We have a hard time at the end of the year because delivery deadlines are moved forward.

**N◀))26** ・Deadlines are tighter at the end of the year, so it's very busy.

・The year-end is busy because deadlines fall [come] earlier.

・We're extremely busy at the year-end because we have early deadlines.

**㊳ 忘年会のはしごで胃がおかしい。**

　「はしご」は「はしご酒」を短縮したもので、次から次へと場所を変えて飲み歩くことを意味しています。「胃がおかしい」は「取り乱している、気が動転している」という意味の語 upset を使います。この文を和文和訳すると、「私はずっと行っている／たくさんのパーティーに／なぜならば年の終わりなので、だから私の胃はいない／よいコンディションの中に」や、「私は参加してきたので／たくさんの年末パーティーに、私の胃は感じる／重く」、あるいは「私の胃は不調だ（upset だ）／参加していることから／ひとつの年末パーティーに／もうひとつのあとに」と言い換えることもできます。　なお、飲み屋さんをはしごすることをアメリカでは bar-hopping、イギリスでは pub crawl と言います。

〔日本人の解答例〕

📖 I have been going to many parties because it's the end of the year, so my stomach is not in good condition.

・Since I have been attending many year-end parties, my stomach feels heavy.

・My stomach is upset from attending one year-end party after another.

**N ◀)) 26** ・I went to too many year-end parties and I'm sick to my stomach.

　・Attending one year-end party after another has upset my stomach.

**㊴ おせち料理の名前は縁起のいい語呂合わせが多い。**

　おせちは「節句＝節供」からきた言葉で、年間の節目となる年中行事のごちそうに用いる料理や供える餅などを意味し、主に正月料理を指します。

文全体としては、「多くのおせち料理は、特別な新年の食べ物、持っている／幸運に聞こえる名前を」や、「多くのおせち料理の名前は意図された／意味するように／"幸福"や"幸運を"」、あるいは「多くのおせち料理の名前は、日本の新年の食べ物、表している／"幸運"や"繁栄"を」や「多くのおせち料理の名前は、祭りの料理＜新年用の＞、使っている／だじゃれや言葉遊びを／祈りながら／幸運や繁栄を求めて」などとしてはどうでしょうか。

〔日本人の解答例〕

🔰 Many *osechi* foods, special New Year foods, have lucky-sounding names.

・The names of many *osechi* foods were meant to mean "happy" and "lucky".

・The names of many *osechi* foods, Japan's New Year foods, represent "good luck" and "prosperity."

・The names of many *osechi* foods, festive cuisine for the New Year, use puns and word play wishing for good luck and prosperity.

**N 📢26** Many *osechi* foods eaten during the New Year have meaningful names (representing fortune and prosperity).

### ㊵ お正月は何と言っても駅伝だね。

駅伝は ekiden でも通じるぐらい有名になってきましたが、road relay であることを説明してあげると親切ですね。「何と言っても駅伝だ」は、「駅伝が一番である」ということを意味していますので、この文は、「私は駅伝を見ることが好きです、長距離のリレー競走を、もっと／他のどんなものより／正月休み中の」や、「生放送は＜駅伝リレーの＞／最もエキサイティングだ／すべてのテレビ番組の中で＜正月休み中の＞」と言い換えること

ができます。また、「スポーツイベントと言えば＜正月休み中の＞、ゼロ
のものがもっとエキサイティングだ／駅伝リレーより」なども候補です。

〔日本人の解答例〕

📘 I like to watch *ekiden*, a long-distance relay race, more
  than anything else during the New Year's holidays.

・The live broadcast of the *ekiden* relay is the most exciting
  of all the TV programs during the News Year's holidays.

・Speaking of sports events during the New Year's
  holidays, nothing is more exciting than the *ekiden* relay.

**N ◀)) 26** ・My favorite thing to watch on TV during the New
  Year's holidays is the *ekiden* relay race.

  ・Several sports events are shown on TV over the
  New Year's holidays, but the *ekiden* relay race
  is the most exciting.

**㊶ 久々に帰省して里心がついた。**

　「久々」は「長い時間のあとで」や「長い時間の中で初めて」などとします。
「里心がつく」は「ホームシックになる」や「家を恋しいと思い始める」と言
い換えることができますので、全体で「私は帰った／私の故郷へ／長い時
間のあとで。今私は恋しい／故郷が」とします。その他には、「私は帰った
／両親の場所に。それは長い時間が継続していた／私が戻っていたと
き以来／前回。今私はホームシックだ」や「私は帰った／私の故郷へ／会
うために／私の家族に／初めて／長い時間の中で。私が戻ったあと／仕
事に、私は思い焦がれ始めた／家を求めて」などが考えられます。「思い焦
がれる」は「松」と同じ単語と「長い」と同じ単語のいずれかを使います。

〔日本人の解答例〕

📘 I went back to my hometown after a long time. Now I
  miss my hometown.

- I went back to my parents' place. It had been a long time since I had been back. Now I'm homesick.
- I went back to my hometown to see my family for the first time in a long time. After I got back to work, I started to pine [long] for home.

**N ◄)) 26** I went back home to see my family for the first time in a while [after a long time], and now I'm homesick.

**㊷ 老体には寒さがひとしお身にしみる。**

「老体」は文字通り「古い体」や「老いた体」と訳せますが、「老人」とすることもできます。「暑さ」は the heat、「寒さ」は the cold です。「身にしみる」は「強く感じる」と言い換えることができます。この文が自分のことを言っていると考えて和文和訳すると、「寒いときは、それは特にハードだ／私のような年寄りには」となります。気候や状況、扱いが「厳しい（harsh）」という語を使って、「寒さが特に厳しい／年を取った体には」としたり、「この気候では、老人は＜私のような＞／冷やされる／骨まで」と言い換えたりすることもできますし、「老人は＜私のような＞／特に敏感だ／寒さに対して」とすることもできますね。

〔日本人の解答例〕

🔖 When it is cold, it is especially hard on old people like me.
- The cold is especially harsh on an aged body.
- In this weather, elderly people like me are chilled to the bone.
- Elderly people like me are especially sensitive to the cold.

**N ◄)) 26**
- The cold is especially hard [tough] on older [elderly] people.
  - As people age, they get more sensitive to the cold.

## Question 2 次の文を英語にしてみましょう。

㊸ 受験シーズンもいよいよ本番を迎えたね。

㊹ アイスバーンを運転すると肩がこるし寿命が縮む。

㊺ 軒のつららを眺めながらこたつでビールというのもおつですよ。

㊻ 寒いときは熱燗が五臓六腑に染み渡るよね。

㊼ 冬にラーメンを食べると眼鏡が曇る。

㊽ 病院の待合室にいると病気をうつされそうでコワイ。

## Unit 4 冬 Question **2** の解答例と解説

**⑬ 受験シーズンもいよいよ本番を迎えたね。**

　「受験シーズン」は「入試シーズン」とします。「入試」は学校だけでなく、同好会やクラブなども課することがありますので、「学校入学試験」とするとていねいです。最も簡単に表すと、「学校入学試験の季節がやってきた」となります。この文の英訳のポイントは、「本番を迎えた」をどう工夫するかです。「生徒たちはいる／今／真ん中に＜入試シーズンの＞」とすると何とか通じそうですね。その他では、「我々はいる／絶頂に＜学校入試シーズンの＞」、あるいは「学校入学試験のシーズンはある／その頂点に」などとする方法もあります。なお、「絶頂、頂点」は「高さ」を表す名詞を使います。

〔日本人の解答例〕

🔖 The school entrance exam season has arrived.

・Students are now in the middle of the entrance exam season.

・We are at the height of the school entrance examination season.

・The school entrance examination season is at its height.

**N ◀》27**　・Students are now in the middle of entrance exams.
　　　　　　・Now is the busiest part of the entrance exam season.

**⑭ アイスバーンを運転すると肩がこるし寿命が縮む。**

　「アイスバーン（Eisbahn）」は氷（Eis）の道路、鉄道（bahn）というドイツ語からきたカタカナ語で、英語では frozen road や icy road と言います。「肩がこる」は「首がこる」とも言います。最も簡単な和文和訳は、「私が運転したあと／凍結した道路の上を、私は痛みを感じる／肩の中に、そ

して私は感じる／私の命はより短くなったように」などとなります。使役動詞を使って「運転することは／氷の路上を／する／私の肩を／こった状態に／そしてする／私を／感じる／私の命は／短くなってしまった」としたり、「毎回私が運転すると／氷の路上を、私は手に入れる／こった首を／そして私は感じる／私は失ったばかりだと／数年を／私の人生から離れて」などとするのも候補です。

〔日本人の解答例〕

🔖After I drive on a frozen road, I feel an ache in my shoulders, and I feel like my life has become shorter.

· Driving on an icy road makes my shoulders stiff and makes me feel my life has shortened.

· Every time I drive on an icy road, I get a stiff neck and I feel I've lost a few years off my life.

**N ◀))27** · The stress of driving on an icy road (probably) takes years off of my life.

· When I drive on an icy road, I get stiff shoulders and feel like the stress is taking years off my life.

**㊺ 軒のつららを眺めながらこたつでビールというのもおつですよ。**

「軒」は屋根の下端にある、建物の外壁より外へ出ている部分をさしますが、これを意味する語を知らない場合は「屋根」としましょう。「つらら（icicle）」がわからない場合は、「それは素晴らしい／目を向けること／長いかけらの氷に＜㊟ それはぶら下がっている／屋根から＞／そして飲む／ビールを／こたつの中で」とします。icicle を知っていれば、「こたつの中でビールを飲むことは／目を向けている間に／つららに＜㊟ それはぶら下がっている／軒から＞＝本当に楽しい」、「こたつでビールを飲むことは／目を向けながら／つららに＜軒からぶら下がっている＞＝本当に粋なこと＜するには＞」などがあります。

202

〔日本人の解答例〕

🔖 It's great to look at long pieces of ice that are hanging from the roof and drink beer in the *kotatsu*.

・Drinking beer in the *kotatsu* while looking at icicles that are hanging from the eaves is really enjoyable.

・Drinking beer in the *kotatsu* looking at icicles hanging from the eaves is really a cool thing to do.

**N ◀)) 27** ・Drinking beer in a *kotatsu* and looking out at (the) icicles hanging from the roof is really nice.

・There's something about drinking beer in a warm *kotatsu* while looking out at (the) icicles (hanging from the roof).

**㊻ 寒いときは熱燗が五臓六腑に染み渡るよね。**

中学レベルの表現では「私が熱い酒を飲むとき／寒い冬の日に、私は言う、"ああ……、素晴らしい"」などと言うことができます。五臓六腑に染み渡るとは、酒が体の隅々まで染みて行き渡る様を表していますが、酒は胃と腸を通るだけですから、「寒いときは、熱い酒が下りていく／いい感じで」や「寒い日に、私は楽しむ／熱い酒が進んでいくのを／私の胃の深くへと」と表してみてはどうでしょうか。また、「飲食物が申し分ない、満足させる」という意味を表す「その地点をヒットする」というイディオム hit the spot を使って、「寒い夜の熱燗はたまらないよね」とすることもできます。

〔日本人の解答例〕

🔖 When I drink hot sake on a cold winter day, I say, "Ahh... that's great."

・When it's cold, hot sake goes down nicely.

・On a cold day, I enjoy hot sake going deep down into my

stomach.

· Hot sake on a cold night (really) hits the spot, doesn't it?

**N** 🔊27 · Warm [hot] sake is perfect on a cold day.

· Hot sake warms me up (nicely) on a cold day.

· On a cold day, I enjoy drinking hot sake and feeling it warm me up inside.

47 冬にラーメンを食べると眼鏡が曇る。

「冬にラーメンを食べると」の「と」は「もし食べたなら」という意味ではなく、「食べるときは」という意味です。「曇る」は文字通り「雲」という名詞を動詞として使いますが、それを思いつかない場合は、「冬に、私の眼鏡は冷たくなる、だから私は眼鏡を取らないといけない／私がラーメンを食べるとき」や、「私が冬にラーメンを食べるとき、私は見ることができない／眼鏡を通して／そこからの湯気のせいで」などとします。この文は普遍的なことを表すので、主語を you にして、「皆さんが冬にラーメンを食べるとき、そこからの湯気が／皆さんの眼鏡を曇らせる」とすることもできます。

〔日本人の解答例〕

📙 In winter, my glasses get cold, so I have to take them off when I eat ramen.

· When I eat ramen in winter, I can't see through my glasses because of the steam from it.

· When you eat ramen in winter, the steam from it clouds your glasses.

**N** 🔊27 · My glasses steam up (too much) when I eat ramen in winter.

· When I [you] eat ramen in winter, the steam clouds up [fogs up] my [your] glasses.

**48** 病院の待合室にいると病気をうつされそうでコワイ。

　病気がうつることを英語では infect や transmit を使いますが、それらが思いつかない場合は「病気になる」や「疾病をキャッチしてしまう」などと言い換えます。中学レベルの英語に和文和訳すると、「待合室＜病院の＞では、私は病気になるような気がする／なぜならば／とてもたくさんの病人がいる／私の周りに」となります。その他には、「私は待合室＜病院の＞にいるとき、私は怖い／誰かが私を感染させるかもしれないということが／疾病を伴って」や、「私は病院の待合室にいるとき、私はいつも恐れている／私が疾病をもらってしまう／だれかから」などがあります。「疾病」を表す disease は sickness / illness と違って病名が明確である病気を言います。

〔日本人の解答例〕

🔖 In the waiting room of a hospital, I feel I will become ill because there are so many sick people around me.

・When I am in the waiting room of a hospital, I am scared that someone may infect me with their [his / her] disease.

・When I'm in a hospital waiting room, I'm always afraid I'll catch a disease from someone.

**N** ◀)) 27 ・Whenever I'm in a hospital, I'm always worried about catching [afraid of catching / afraid I'll catch] something.

・When I'm in a hospital waiting room, I'm always afraid I'll catch a disease from someone.

# Chapter 3
## 日本独自のものを英語にする

### Unit 1 用途を説明する

**Question** 次の文を英語にしてみましょう。

**①** 絵馬

**②** だるま

**③** てるてる坊主

**④** 杵（きね）

**⑤** 巻き簾

**⑥** 出前品運搬機

Photo:antpkr/iStockphoto,tanukiphoto/iStockphoto,kaorinne/iStockphoto,Nori-sue/iStockphoto,alexsalcedo/iStockphoto/ 松本田鶴子

## Unit 1 用途を説明する　**Question**の解答例と解説

### ❶ 絵馬

　絵馬は祈願や報謝のために社寺に奉納する絵の額で、馬を奉納する代りに馬の絵を描いたのが始まりで、後に馬以外の絵も描くようになったそうです。個人情報を隠すためスティッカーを貼ることができるものもあり、願いが叶ったらお礼の言葉を添えて奉納することなどを説明します。

・絵馬＝小さい木製の板＜＜關 それ／私たちは書く／願いごとを／上に／そして納める／神社で＞。
・絵馬もある＜＜關 それは来る／ステッカーを伴って＜隠すための／名前と願いごとを＞＞。
・私たちはまた差し出す／絵馬を／感謝の言葉を添えて／願いごとが叶ったとき。

〔日本人の解答例〕

　　An *ema* is a small wooden board that we write our wishes on and offer at a Shinto shrine. There are *ema* that come with stickers to hide our names and wishes. We also offer an *ema* with words of thanks when our wishes come true.

**N** ◀)) 28 ・An *ema* is a wooden plaque that you write a wish or prayer on. People buy one at a Shinto shrine, write a wish on it, and hang it up at the shrine so (that) the gods will find it.

　　　　・An *ema* is a small wooden plaque that you can buy at a shrine. You write a wish on it and hang it up at the shrine so your wish will come true.

## ❷ だるま

　だるまは、中国禅宗の始祖である達磨大師が座禅をする姿が描かれた張り子の人形です。丸くて底におもり（weight）が入っているので常に起き上がり、商売繁盛・開運出世などの縁起物（good luck talisman）とされます。願掛けの際に片方に目を入れ、願いが叶えばもう一方の目を描き込むことを伝えます。

・だるまは＝丸い紙人形。
・それは／持っている／おもりを／底に／だから／押し倒しても／それは常にもとの状態に戻ってくる。
・それは＝縁起物。
・買ったときは／目が塗られていない。
・私たちは塗りつぶす（描き込む）／片目を／願いごとをするときに。
・もしその願いが実現したら、／塗りつぶす／もう片方の目を。

〔日本人の解答例〕

A *daruma* is a round paper doll. It has a weight at the bottom, so even if you push it down, it always comes back up. It's a good luck talisman. When you buy one, the eyes are not painted. We fill in one of its eyes when we make a wish. If the wish comes true, we fill in the other eye.

🅝◀))29 ・A *daruma* is a round doll that is displayed for good luck and motivation in achieving a goal. At first the doll's eyes are blank. People fill in one eye when they make a wish, and fill in the other eye when the wish comes true.

・A *daruma* is a round paper mache doll. Its eyes are blank when you buy it. You color in one eye when you make a wish [set a goal], and color in the other one when the wish [goal] is realized.

## ❸ てるてる坊主

　てるてる坊主（照る照る坊主）は翌日の晴天を願って紙や布で作った人形で、スマイリーフェイスとガウンのような出で立ちであること、遠足や運動会など子どもが楽しみにしている行事の前日に軒先や部屋の中に吊すことなどを伝えます。軒先は from the eaves や under the (edge of the) eaves と言いますが、思いつかない場合は省略してもかまいません。

・てるてる坊主は＝人形＜白い紙や布で作られた＞
・私たちはそれを作る／願うために／好天を求めて。
・それは持っている／ガウンとスマイリーフェイスを。
・子どもたちはそれを吊す／楽しいイベントの前に＜遠足や運動会などの＞。

〔日本人の解答例〕

A *teru-teru-boze* is a doll made of white paper or cloth. We make it to wish for fine weather. It has a gown and a smiley face. Kids hang them before fun events such as school excursions and sports day [field day].

**N◀》30** A *teru-teru-bozu* is a small homemade doll that people hang up in the window to wish for good weather the next day.

## ❹ 杵

　杵は、臼に入れた穀物などをひくための道具で、mallet（木槌）と言えばおおよその形は理解してもらえると思います。「臼に入れた穀物をひく道具」は a tool to grind grain in a mortar ですが、「餅をつくための道具」と言い換えられます。この場合の「つく」は pound ですが、わからない場合は hit と言っておき、動作をしてから How do you express this action in English? と尋ねるとよいでしょう。なお、「脱穀」は thresh と言います。

・杵＝大きな木製のハンマー＜國 それは／使われる／作るために／餅を＞。

・私たちは／継続してたたく／ふかした（蒸気で料理した）米を／それを伴って。

・それは／また／使われた／分けるために／米、種、木の実を／それらの
　外側の殻から。

〔日本人の解答例〕

A *kine* is a big wooden hammer that is used to make rice cake.
We pound steamed rice with it. It was also used to separate
rice, seeds, and nuts from their outer shells.

**N ◄)31** A *kine* is a huge wooden mallet used to pound rice
for *mochi*—rice cakes.

---

**❺ 巻き簾**

　巻き簾とは日本の調理道具のひとつで、巻き寿司やだし巻き玉子を作るの
に使われます。「簾」とは「簀の子」とも書きます。すのこはブラインドの働き
をするもので、アメリカでは window shade と言います。竹串と木綿糸で
作りますが、串は「細い棒」でも通じます。

・巻き簾は＝道具＜作るための／巻き寿司、すなわち手でまかれた寿司を＞。

・それは見える／ブラインドのように＜あなたが使う／窓を覆うために＞。

・それはできている／細い竹の棒と木綿の糸で。

・皆さんは／使うこともできる／それを／作るために／手巻き玉子、すなわ
　ち手で巻かれたオムレツを。

〔日本人の解答例〕

A *makisu* is a tool to make *makizushi,* or hand-rolled sushi. It
looks like a blind you use to cover a window. It's made of thin
bamboo sticks and cotton strings. You can also use it to make
*dashi-maki-tamago*, or hand-rolled omelet.

**N ◀)) 32** *Makisu* is a cooking utensil unique to Japan. It is a small, threaded bamboo mat. It is mainly used to shape sushi rolls [*makizushi*]. First, *nori* seaweed is placed on the *makisu*. Sushi rice is then spread out on top of that, and other ingredients are lined up in the center. This is then rolled to create a long sushi roll that is cut into smaller pieces. A *makisu* can also be used to make omelet rolls. Recently, plastic wrap and parchment paper are also used.

### ❻ 出前品運搬機

　昔は自転車に乗って曲芸的にそばやうどんを運ぶ職人さんがいましたが、交通量が増加して事故が発生するようになり、東京のそば屋さんがこれを開発されたそうです。もちろんその用途は、そばやうどんが揺れて汁がこぼれるのを防ぐことです。バネが使ってある運搬機で、自転車やバイクの荷台に据え付けてあることを加えます。荷台は rack ですが、わからない場合は「サドルの背後のものを乗せる場所」などと説明します。

・出前品運搬機は＝そば＆うどんホルダー＜据え付けられた／自転車の荷台やオートバイの荷台に＞。
・それは使っている／バネを／～するために／スープがこぼれない／どんぶりから／～する間に／乗る人が運んでいる最中／それらを。

〔日本人の解答例〕

A *demaehin-umpanki* is a soba and udon noodle holder placed on a bike or motorcycle rack. It uses springs so that the soup doesn't spill from the bowls while the rider is carrying them.

**N ◀)) 33** A *demaehin-umpanki* is a small platform that's placed on a bike or motorcycle to deliver noodles. It has springs to absorb shock, so the soup doesn't spill.

# Unit 2 実態を説明する

## Question 次の文を英語にしてみましょう。

**❼ 金魚すくい**

**❽ お年玉**

**❾ 風呂敷**

**❿ しめ縄**

**⓫ 枯山水**

**⓬ 豆まき**

Photo:Stephane D'Alu/iStockphoto,Kana Design Image/iStockphoto,kuppa_rock/iStockphoto,kyoshino/
iStockphoto イラスト :habun/iStockphoto,PresidentKUMA /iStockphoto

### ❼ 金魚すくい

金魚すくいは文字通り goldfish scooping ですが、丸くて平たい柄のついたすくい枠（ポイ）を使って、なるべくたくさんの金魚を捕るゲームであること、ポイの真ん中は紙でできているので破れやすいことなどを説明します。「～する羽目になる」は「ついには～することになる、～することで終わってしまう」という熟語を使います。

・金魚すくいは＝金魚をすくい取ること。
・それは＝人気のある遊び／夏祭りで。
・私たちは／使う／平らで丸いすくい枠を＜取っ手を伴った＞ そして／捕まえようとする／できるだけ多数の金魚を／それを使って。
・それは／作られている／紙で＜プラスチックの枠を伴った＞、そして／その紙は／破れる／簡単に。
・皆さんは／必要だ／イコールであることが／腕がよい、そうでないと／皆さんは／～する羽目になる／買うという／たくさんのすくい枠を。

〔日本人の解答例〕

*Kingyo-sukui* is goldfish scooping. It's a popular game at summer festivals.  We use a flat, round scoop with a handle and try to catch as many goldfish as we can with it.  It's made of paper with a plastic frame, and the paper tears easily. c.You need to be skillful, otherwise you end up buying many scoops.

**N 34** · *Kingyo-sukui* is a goldfish scooping game that is popular at festivals. In this game there are a lot of goldfish swimming in a pool of water. People try to scoop up as many goldfish as they can with a scoop(er) made of thin paper, and put the goldfish in a bowl. The paper tears very easily, so it takes skill to scoop the fish. The fish that are caught are put in a plastic bag with water, so people can take them home as pets.

· *Kingyo-sukui* means goldfish scooping. It's a game people play at festivals. There are a lot of little goldfish in a tub of water, and you try to scoop some of them up with a paper scoop. The paper tears really easily, so it's hard to do. You can take the goldfish you scoop up home in a bag of water.

## ⑧ お年玉

　お年玉は現在では子どもが年始にもらうお金ですが、昔はさまざまな物を贈る贈答行事だったことを伝えます。小学生が 1000 ～ 3000 円、中学生が 4000 ～ 5000 円、高校生が 5000 ～ 10000 円が相場だと言われますが、それは尋ねられたときに言えばよいでしょう。

· お年玉は＝新年の贈り物。
· 人々はあげた／さまざまなものを／お互いに／過去には。しかし今は、お年玉は／意味している／お金を＜与えられる／子どもたちに／＜年始に＞。

〔日本人の解答例〕

*Otoshidama* is a New Year's gift. People gave various things to each other in the past, but now, *otoshidama* means money given to children at the beginning of the year.

**N** ◀⑴ 35 *Otoshidama* is money that children receive from their relatives as a New Year's gift. Children usually get bigger amounts of money as they get older.

## ❾ 風呂敷

　風呂敷は wrapping cloth です。物を包むのに用いる正方形（に近い）布であることだけでなく、もとは入浴のとき湯殿に敷き、衣類を脱いで包んだり足をふいたりした布なので、風呂敷という漢字が使われていることや、さまざまな包み方があり、一升瓶やスイカなども包めること、レジ袋に代わる環境に優しいものとして見直されていることなどを述べます。

・風呂敷は＝包み布。
・風呂敷という言葉は／意味している／“風呂で敷く,”そして／風呂敷は／元々使われた／包むために／服を／風呂に入る前に。
・それは／単なる1枚の正方形の布、しかし／ある／たくさんの方法が＜それを折ることの＞、そして／それは使われてさえいる／包むために／酒瓶やスイカを。
・現在／我々は使わない／風呂敷を／以前と同じくらいしょっちゅう、でも／それは／人気が出てきている／代用品として＜レジ袋の代わりの＞。

〔日本人の解答例〕

　A *furoshiki* is a wrapping cloth. The word *furoshiki* means "spread in a bath," and they were originally used to wrap clothes before taking a bath. It's only a square piece of cloth, but there are many ways of folding it, and it's even used to wrap sake bottles or a watermelon. Now, we don't use *furoshiki* as often as before, but they're [becoming popular / gaining popularity] as a substitute for plastic bags.

 · A *furoshiki* is a large wrapping cloth used to wrap and carry various items. *Furoshiki* have been used in Japan for centuries. They are square and can be folded in many different ways, according to what they are used for. They are made of various types of fabric, including silk, nylon and cotton. Some are solid-color, and some are patterned. Traditional Japanese patterns are often used, but recently there are many *furoshiki* with modern patterns.

- A *furoshiki* is a traditional cloth for wrapping. At first people used them to wrap up their clothes when they went to a public bath. Then they started using them for carrying their belongings and wrapping gifts. *Furoshiki* became less common after people started using plastic bags, but recently they've been making a comeback because they're eco-friendly and beautiful.

### ⑩ しめ縄

　しめ縄は神事の場や神前を囲むことで、神聖な場所を他の場所と区別する縄であること、また魔除けのために新年に家の入り口などに張る縄（しめ飾り）であることを説明します。

- しめ縄＝神聖な縄。
- それはわらで作られる。
- 神聖なもの、神聖な場所やエリア＜神道の儀式のための＞は／囲まれる／しめ縄を使って。
- しめ縄（しめ飾り）は／また置かれる／入り口の上に＜我々の家の＞／正月の間／守るために／私たちを／悪霊から。

〔日本人の解答例〕

A *shimenawa* is a sacred rope. it's made of rice straw. Sacred things, sacred places and areas for Shinto rituals are surrounded with *shimenawa*. *Shimenawa* are also placed over the entrance of houses during the New Year season to protect us from evil spirits.

🅝 ◀)37 A *shimenawa* is a special twisted rope that's placed at the entrance to a shrine. It has a spiritual meaning in Shinto. Some famous shrines have huge *shimenawa*. They look really impressive.

## ⓫ 枯山水

　日本の庭園はいくつかの洋式があり、池や築山があって庭石や草木を配置したものが中心ですが、苔庭園や枯山水などもあり、それぞれ pond garden、moss garden、dry garden などと説明するとイメージしやすいと思われます。枯山水は水を使わない庭園で、石や砂などにより山水の風景を表現する庭園様式であることを説明します。

・枯山水＝ひとつの庭園様式。
・石や砂が／主に使われる／ひとつの風景を表現するために。
・時々砂や砂利（gravel）が使われる／水を表すために。
・枯山水は言われている／影響を受けてきたと／風景画によって＜輸入された／宋（Song）と明（Ming）から＞、そしてまた反映している／禅の精神を。

〔日本人の解答例〕

*Karesansui* is a garden style. Stones and sand are mainly used to express a landscape. Sometimes sand and gravel are used to represent water. *Karesansui* is said to have been influenced by landscape paintings imported from the Song and Ming dynasties, and also reflects the spirit of Zen.

**N 🔊38** ・*Karesansui* is one of the Japanese garden styles. It expresses the magnificent natural scenery such as the ocean, canyons, and waterfalls without using a drop of water. Since there is no element of "water", water is expressed by sand, stones, moss, *etc*. You can look at the scenery, think about what the space means, what each stone expresses, ask yourself questions, and meditate.

・During the Kamakura period, "Zenshu" was introduced from China. In the 14th century, the first dry landscape garden as a place for Zen training in Japan was built at Saihoji Temple in Kyoto. The gardens of Ryoanji and Daitokuji in Kyoto are also famous as dry landscape gardens.

## ⑫ 豆まき

豆まきは節分（2月3日ころ）に行われますが、これは季節の変わり目（季節の分かれ目）は邪気が入りやすいと考えられたからだそうです。煎（い）り大豆を投げたあとで豆を拾って年齢の数だけ、もしくは年齢よりもひとつ多く豆を食べて厄除けを行います。

・豆まきは＝豆のばらまき。
・私たちは投げる／乾燥大豆を／2月3日に／そして言う／「鬼は外、福は内」と。
・鬼は意味している／悪霊（デーモン）を／そして／外は意味している／外へ。
・福は意味している／幸運を、そして／内は意味している／中へ。
・投げることのあとで／豆を、皆さんはそれらを拾い上げる／そして食べる／同じぐらい多数の豆を／皆さんの年齢と同じぐらい、もしくはひとつ多く／皆さんの年齢より／抜け出すために／悪い魂［霊］から。

〔日本人の解答例〕

*Mamemaki* is bean scattering. We throw dried soy beans on February 3rd and say "*Oniwa soto*, *fukuwa uchi*." *Oni* means demon and *soto* means outside. *Fuku* means good luck, and *uchi* means inside. After throwing the beans, you pick them up and eat as many as your age, or one more than your age to get rid of bad spirits.

N 39 ***Mamemaki* means bean scattering. February 3rd is a special day called *setsubun*. It's the start of spring on the old calendar. People throw dried beans around the house to chase out demons and shout, "Out with demons, in with good luck." In some families, someone puts on a demon costume and the others throw beans at them.**

# Unit 3 上位概念から説明する

## Question 次の文を英語にしてみましょう。

### ⑬ 法事

### ⑭ 扇子

### ⑮ 福笑い

### ⑯ パチンコ

### ⑰ 三味線

### ⑱ キャラ弁

### ⑬ 法事

　　法事は身内などが集まって故人の冥福を祈る儀式ですが、亡くなって
からの 7 週間は 7 日ごとに閻魔様に生前の功徳を裁判され、四十九日目が
死後の行き先が決まる満中陰（まんちゅういん）とされます。その後、一
周忌や三回忌、七回忌、十三回忌などがあり、三十三回忌をもってどんな
人でも極楽浄土に行けるとされています。「亡くなった」は deceased を
使います。なお、一周忌は亡くなって暦が一周したとき、三回忌は亡くなっ
て暦が二周したときですが、命日が逝去の日を入れて 3 回目なので、三回
忌と言います。

・法事は＝一種の宗教的儀式。
・家族のメンバーや親戚たちが＜亡くなった人の＞／集まる／そして開催
　する／仏教式の追悼式を。
・法事は／ふつう開催される／1 回目、2 回目、6 回目、12 回目、32 回
　目の年忌に＜ある人の死の＞。
・私たちは捧げる／祈りを／お寺で、そしてそれから／いただく／食事を
　／思い出している間／その亡くなった人を。

〔日本人の解答例〕

*Hoji* is a kind of religious service. Family members and
relatives of a deceased person get together and hold a
Buddhist memorial service. *Hoji* are usually held on the
1st, 2nd, 6th, 12th, and 32nd anniversaries of a person's
death. We offer prayers at a temple, and then have a meal
while remembering the deceased person.

🅝 🔊40　・*Hoji* is a type of Buddhist memorial service. It's held
　　　　　to commemorate and pray for a deceased person.
　　　　　*Hoji* are held at certain intervals, such as one week,

one year and seven years after the person's death. The family and relatives of the deceased gather, and a priest conducts a Buddhist service.

· A *hoji* is a Buddhist memorial service. After a person dies, *hoji* are held at specific intervals, like a week, a year, and seven years. Usually the family and relatives meet at a temple and a priest holds a service.

### ⓮ 扇子

　扇子は竹の軸（rib）と紙で作った折りたたみ式の扇であり、祭事や舞踊などにも使うことを伝えます。小さくてさっと開くことができて（snap... open）、持ち運びも便利であることも添えるといいでしょう。

· 扇子＝折りたたみ式の扇。
· それは／作られている／竹の骨と紙とで。
·皆さんはパチンと鳴らして〜な状態にできます／それを／開いた状態／一瞬で。
· 私たちは使う／それを／儀式で／そして踊るとき、または／自分たち自身に風を送るために。
· それは＝小さくて便利、だから／それは＝簡単／運ぶこと／それを／あちこちに。

〔日本人の解答例〕

A *sensu* is a folding fan. It's made of bamboo ribs and paper. You can snap it open instantly. We use it at rituals and when dancing, or to fan ourselves. It's small and handy, so it's easy to carry around.

**N**◄)) **41** *Sensu* are traditional folding fans. Even now, a lot of people use them to keep cool. They're also used in Japanese dance and theater. More expensive *sensu* are made of cloth, and cheaper ones are made of paper. Some *sensu* have beautiful designs.

## ⑮ 福笑い

　福笑いは正月の遊びのひとつであり、目隠しをして、輪郭だけが描かれた顔の中に厚紙で作った目・鼻・口・眉毛を並べ、どれだけ正しい位置に置けるかを競うことを伝えます。「目隠しした」は blindfolded ですが、思いつかない場合は分詞構文を使って「ひと切れの布で目を覆いながら」などとします。「輪郭」は「アウトライン」です。

・福笑い＝正月のゲーム。
・あなたの目を覆いながら／1枚の布を伴って、皆さんは／挑戦する／置くことを／厚紙の鼻、口、目そして眉毛を／正しい位置に＜顔の輪郭の内側の＞。

〔日本人の解答例〕
*Fukuwarai* is a New Year's game. Covering your eyes with a piece of cloth, you try to place a cardboard nose, mouth, eyes, and eyebrows in the right positions inside a face outline.

**N◀))42** *Fukuwarai* is a game people play at New Year's. It's a lot like "Pin the Tail on the Donkey." One person is blindfolded and tries to put paper eyes, nose and mouth in the right places on the outline of a face.

## ⑯ パチンコ

　パチンコ屋さんは日本中いたる所で見ることができるので、外国から来た人は興味津々でしょうね。パチンコはギャンブルゲームで年齢制限があること、縦置きであること、小さな鋼球を下から打つこと、商品がもらえることを伝えます。

・パチンコは／＝／ギャンブリングゲーム。
・だれでも＜18歳またはそれ以上の＞／プレーすることができる／それを。

・パチンコ台は／置かれる／縦に。

・皆さんは／打つ／小さい鋼球を／底から。

・その玉が行くとき／的の中に＜置かれた／いくつかの釘の間に＞、皆さんは手に入れる／得点または追加の玉を。

・皆さんは替えることができる／その玉を／お菓子やたばこなどの商品に。

〔日本人の解答例〕

*Pachinko* is a gambling game. Anyone 18 or older can play it. *Pachinko* machines are placed vertically. You shoot small metal balls from the bottom. When the balls go into the targets placed among several nails, you get points or extra balls. You can exchange the balls for prizes such as sweets or cigarettes.

**N ◀))43** *Pachinko* is a popular gambling activity. It is something like a cross between a slot machine and a pinball machine. Players shoot small metal balls into the machine. If the balls hit certain points on a board, the player receives more balls, which can be traded for goods.

### ⑰ 三味線

　三味線は三弦のギターのような楽器で、胴体は木の枠組みに猫皮・犬皮・人工皮革を張ったものであること、ギターとは異なり胴体に穴が開いていないこと、そしてふつう銀杏のような形の撥（ばち）を使って鳴らすことなどを説明します。銀杏（いちょう）は ginkgo と言います。

・三味線は＝日本の楽器。

・それは／見える／ギターのように、しかし／それは持っている／3本の弦だけを／そして持っていない／穴を／胴体に。

・胴体は／できている／木の枠＜人工皮革を伴った＞で。（過去には、猫や犬の皮が使われていた）

・皆さんは普通演奏する／それを／大きなピックを使って＜〔詳〕それは／見える／銀杏の葉っぱのように＞。

〔日本人の解答例〕

A *shamisen* is a Japanese musical instrument. It looks like a guitar, but it has only three strings and doesn't have a hole in the body. The body is made of a wooden frame with synthetic leather.（In the past, cat or dog skin was used.）You usually play it with a big pick [plectrum] that looks like a ginkgo leaf.

N◀))44 A *shamisen* is a traditional Japanese stringed instrument. It has just three strings, and no hole in the body. You play it with a large plectrum. When people think of traditional Japanese music, they often think of the sound of a *shamisen*.

## ⑱ キャラ弁

　キャラ弁とはキャラクター弁当のことを意味し、食べられるものを使って弁当の中身が漫画のキャラクターや動物などに見えるよう飾ったものです。子どもが喜んだり、苦手なものを無意識のうちに食べさせることを目的に、お母さんたちが工夫することがあることなどを伝えてみましょう。

・キャラ弁＝短くした＜キャラクター弁当の代わりに＞。
・弁当は意味している／持ち運び可能な食事＜パックされた／容器に＞。
・キャラ弁の中では、皆さんは飾る／食べ物を／食べられるものを使って／するために／それを／見える／漫画のキャラクター、動物、などなどのように。
・母親たちは作る／キャラ弁を／〜するように／彼女たちの子どもたちが楽しむ／その弁当を／そして食べさえする／何かを＜彼らが好きではない＞。

〔日本人の解答例〕

*Kyaraben* is short for "character bento." Bento means portable meals packed in containers. In *kyaraben*, you decorate food with edible things to make it look like cartoon characters, animals, and so on. Mothers make kyaraben so that their children enjoy the bento and maybe even eat something they don't like.

**N 45** *Kyaraben* is short for "character bento." Bento are Japanese-style boxed lunches—they're getting popular all over the world. In *kyaraben*, people make the food look like characters or animals. They use small pieces of vegetables or seaweed for the features. Some of the bentos are real works of art.

# Unit 4 似たものをあげる

## Question 次の文を英語にしてみましょう。

**⑲ 蚊帳 (かや)**

**⑳ 羽子板**

**㉑ 竹とんぼ**

**㉒ 年賀状**

**㉓ 代行運転手**

**㉔ 居酒屋**

## Unit 4 似たものをあげる **Question**の解答例と解説

### ⑲ 蚊帳（かや）

　蚊帳は蚊を媒体にして感染するさまざまな病気を予防するために有効だということで注目を集めています。昔は部屋の四隅から吊っていましたが、最近はテント型の蚊帳も売られています。日本家屋では網戸の普及とともに蚊帳が衰退しました。

・蚊帳は＝モスキートネット＜形をした／テントのような＞。

・皆さんは吊る／それを／四隅から＜部屋の＞／紐やロープを使って／覆うために／布団やベッドを。

・最近は／皆さんは手に入れることができる／折りたたみ式の蚊帳を＜⟨詳⟩それは開く／自動的に＞／日曜大工のお店で。

　〜なので／蚊は／運ぶ／伝染病を、ある／大きな需要が＜モスキートネットを求める＞／アフリカでは。

・しかし日本では、スクリーンドアが／なった／人気がある状態に、そして私たちはやめた／使うことを／蚊帳を。

〔日本人の解答例〕

A *kaya* is a mosquito net shaped like a tent. You hang it from the four corners of a room with strings or ropes to cover a *futon* or bed. These days you can get folding *kaya* that open automatically at DIY shops. Since mosquitoes carry infectious diseases, there is a great demand for mosquito nets in Africa. But in Japan, screen doors became popular, and we stopped using *kaya*.

**N �))46** A *kaya* is a kind of mosquito net. In the past, *kaya* were made out of materials like silk and cotton. Today synthetic materials are often used.

## ⑳ 羽子板

　羽子板は羽根突き用の板として使いますが、新年に床の間に飾ることもあります。裏には絵が描かれており、装飾用には押し絵がついている豪華なものもあります。押し絵は「浮き上がった布の絵」とします。「浮き上がった」は「上げられた」という意味の raised を使います。

・羽子板は＝木製のラケット＜伝統的な日本のバドミントン用の＞。
・それは持っている／美しい絵を／あるいは／浮き上がった布の模様を／片側に。
・〜する人もいる／飾る（展示する）／それを／床の間に／正月に。

〔日本人の解答例〕

*Hago-ita* is a wooden racket for traditional Japanese badminton. It has beautiful pictures or raised cloth designs on one side. Some people display it on *tokonoma* during the New Year.

**N ◀)) 47** *Hago-ita* is a wooden racket for traditional Japanese badminton. It has a beautiful picture on one side. Sometimes the picture is painted, and sometimes it's made of raised cloth. Some people display a *hago-ita* in the *tokonoma* at the New Year.

## ㉑ 竹とんぼ

　竹とんぼはプロペラ状に削った竹の中心に1、2カ所穴を空け、穴が2カ所の場合には先端が二股の軸（a forked shaft）を差し込み、両手で回転させることによって飛ばして遊ぶ玩具であることを説明します。この場合の回転は急速回転ですから、ターンではなくスピンを使います。なお、穴が1カ所のものは軸が羽に固定されていますので、ここでは穴が2カ所ある竹とんぼについて説明してみましょう。

・竹とんぼは＝おもちゃ＜👉 それは／見える／プロペラのように＞。
・ある／ふたつの穴が／その中には／そして／皆さんは入れる／先端を＜二股の心棒の（シャフト）＞／その穴の中に。
・皆さんが急速回転させたとき／そのシャフトを／両手を使って、その竹とんぼは／飛ぶ／上へと／空中に。

〔日本人の解答例〕

A *taketombo* is a toy that looks like a propeller. There are two holes in it, and you insert the tips of a forked shaft [stick] in the holes. When you spin the shaft with both hands, the *taketombo* flies up in the air.

**N** ◀))48 A *taketombo* is a bamboo propeller toy. *Take* means bamboo, and *tombo* means dragonfly. You insert a pronged stick into the holes of the propellor, and spin it to make it fly.

### ㉒ 年賀状

　欧米で日本の年賀状に相当するものは、クリスマスまたはシーズンズ・グリーティングカードです。それらと異なり、多くの人は日本郵便（Japan Post）によって販売されている数種類のバリエーションがある郵便はがきの年賀状を使います。お年玉付き年賀はがきは「富くじ番号（lottery number）を伴った郵便はがき」とします。

・年賀状は＝新年の挨拶状。
・それらは＝クリスマスカードまたはシーズンズ・グリーティングカードのようなもの＜西洋の国々の＞。
・クリスマスカードと違って／年賀状は＝はがきにより近い／そしてある／ほんのわずかのバリエーションが。
・新年の郵便はがきが＜富くじ番号を伴った＞／＜売られている／日本郵便によって＞／ー最も一般的に使われる年賀状。

〔日本人の解答例〕

*Nengajo* are new year's greeting cards. They are like Christmas or season's greeting cards in Western countries. Unlike Christmas cards, *Nengajo* are more like postcards and there are only a few variations. New year's postcards with lottery numbers sold by the Japan Post Service are the most commonly used *nengajo*.

**N** 📢 **49**  · *Nengajo* are Japanese New Year's cards. They are similar to western Christmas or holiday cards in the sense that they are sent to friends or relatives to wish them happiness in the coming year. But unlike western-style folded cards, *nengajo* are postcards.

· *Nengajo* are New Year's postcards. They usually have a New Year's design. People send them to relatives, friends and colleagues to wish them a happy New Year. You can buy the cards at the post office or a store. The ones from the post office have lottery numbers on them, and the recipient can get a prize if that number is drawn.

### ㉓ 代行運転手

　代行運転手は、飲み会などで酒を飲んで自動車の運転ができなくなった人に代わって、その人の車を運転して、その人と自動車を目的地に送るサービスであることを説明します。

・代行運転手は＝タクシー運転手または chauffer（お抱え運転手）のようなもの。

・皆さんは／飲んで運転することはできない、だから／皆さんが必要とするなら／どこかに行くことを／皆さんが飲んだあとで、皆さんは呼ぶことができる／代行運転手を。

・その運転手は来る／車で＜もうひとりの運転手によって運転される＞／

そして運転する／皆さんの車を／皆さんの代わりに／皆さんの目的地まで。

〔日本人の解答例〕

A *daiko-untenshu* is like a taxi driver or a chauffeur. You can't drink and drive, so if you need to go somewhere after you drink, you can call a *daiko-untenshu*. The *daiko-untenshu* will come in a car driven by another driver and drive your car for you to your destination.

 A *daiko-untenshu* is a paid driver who drives you home in your own car after you've been drinking. Your driver shows up in a car with another driver, then gets in your car and takes you where you want to go.

### ㉔ 居酒屋

　居酒屋は日本式のバーであり、様々な飲み物と食べ物が比較的安価で楽しめるのが特徴です。おしぼりや飲み放題、テーブル席や畳席、呼び出しボタンなど説明することはたくさんありますが、まずは以下のように概要を把握してもらってはどうでしょうか。お通しは説明しておいたほうがいいと思われます。なお、テーブルチャージは cover charge と言います。

・居酒屋＝日本式バー。
・皆さんは楽しむことができる／様々な種類の飲み物と／豊富な品揃えの食べ物を。
・料理は＝普通小さくて安価。
・いくつかの居酒屋では／テーブルチャージと料金が＜お通し用の＞、（お通しとは）前菜＜㊟ それは来る／皆さんの最初の飲み物とともに＞、含まれている／伝票の中に。
・ある／いくつかの居酒屋が＜㊟ そこでは／皆さんは断ることができる／その前菜を＞。

〔日本人の解答例〕

An *izakaya* is a Japanese-style bar. You can enjoy various kinds of drinks and a wide selection of food. The dishes are usually small and inexpensive. In some izakaya, a cover charge and a charge for the *otoshi*, the appetizer that comes with your first drink, are included in the check. There are some *izakaya* where you can turn down the appetizer.

**N 51** ***Izakaya*** **are Japanese bar-restaurants. They serve all kinds of drinks and lots of different small dishes. People usually order several dishes and share them. Most** ***izakaya*** **are relaxed and fun.**

# Unit 5 材料を言う

## Question 次の文を英語にしてみましょう。

**㉕ たこ焼き**

**㉖ ふりかけ**

**㉗ 塩辛**

**㉘ あんどん**

**㉙ こけし**

**㉚ はんこ**

## ㉕ たこ焼き

　たこ焼きはシンプルなB級グルメですが、大阪に行くとたこ焼きの奥深さを感じます。全国展開をしているたこ焼きのチェーン店は関東が発祥で、大阪は個人経営のたこ焼き屋さんがほとんどです。

・たこ焼きは＝一種の団子。
・生地は／作られている／小麦粉、玉子、塩、水、そして出汁で、そしてそれは＝煮出し汁＜作られる／魚と昆布から＞。
・小さなかけら＜ゆでられたタコの＞／そして天かすが／加えられる／生地が流し込まれたあとで／丸い穴の中に＜たこ焼きグリドルの＞。
・それらが半調理状態の時、それらはぐるっと回転させられる／ピックを使って。
・あなたは食べる／それらを／たこ焼きソースを伴って、鰹節（鰹フレーク）を、青のりを、そしてマヨネーズを／（上に）。

〔日本人の解答例〕

*Takoyaki* are a type of dumpling. The batter is made of flour, eggs, salt, water, and *dashi*, which is soup stock made from fish and kelp. Small pieces of boiled octopus and tempura crumbs are added after the batter is poured in the round holes of a *takoyaki* griddle. When they are half-cooked, they are turned around with a pick. You eat them with *takoyaki* sauce, bonito flakes, green laver, and mayonnaise (on top).

**N ◀)) 52** *Takoyaki* are round dumplings with pieces of boiled octopus inside. Tako means octopus. They're made on a special griddle. You eat them with a special sauce and toppings.

## ㉖ ふりかけ

　ふりかけは大正時代の初期に小魚を乾燥させて粉末にし、調味料、海苔、煎りごま、ケシの実に調味料を加えて魚臭さを消し、瓶詰めで売り出したのが始まりだそうです。ふりかけという言葉は、昭和 34 年に全国ふりかけ協会が設立されてから定着したそうです。

・ふりかけは＝乾燥した、粉末状の味付けをするもの（seasoning）。
・ある／様々な種類のふりかけが、例えば（〜のような）玉子と海苔、ミンチ肉、鱈の卵、しそ、など。
・皆さんはまく／ふりかけを／ご飯の真上で／味を加えるために。

〔日本人の解答例〕

*Furikake* is a dry, powdery seasoning. There are various kinds of *furikake*, such as egg and seaweed, minced meat, cod roe, *shiso*, and so on. You sprinkle *furikake* over rice to add flavor.

**N ◀》53** *Furikake* is a type of dried food that you sprinkle on rice. There are all kinds of flavors, like seaweed, minced meat and cod roe. If you want an easy, quick meal, it's really convenient.

## ㉗ 塩辛

　塩辛は魚介類の肉や内臓、卵などを塩漬けにして発酵させたもので、一般的にはイカの塩辛を連想しますが、タコやエビ、高知県の酒盗（カツオ）などもあります。ワサビと共に漬けた塩辛がたこわさ（び）です。朝鮮半島で塩辛はチョッカルと呼ばれ、キムチを漬ける際の調味料として欠かせません。

・塩辛は＝塩で味付けされた／そして発酵させられた魚の身および内臓。
・イカの塩辛が＝最もポピュラー。
・タコの塩辛は＜わさびを伴った、すなわち日本の horseradish である＞、

呼ばれる／たこわさと。

・皆さんは見ることができる／それを／メニューの上に／居酒屋で。

・塩辛は＝不可欠な調味料＜キムチのための、朝鮮のスパイシー、そして発酵させられた野菜＞。

〔日本人の解答例〕

*Shiokara* is salted and fermented fish flesh and guts. Squid *shiokara* is the most popular. Octopus shiokara with wasabi, or Japanese horseradish, is called *takowasa*. You can see it on menus in *izakaya*. Shiokara is an essential seasoning for kimchi, Korean spicy, fermented vegetables.

**N ◀)) 54** *Shiokara* is salted and fermented fish or seafood. The whole fish is used, including the guts. People usually put it on rice. It has a strong flavor, so you don't need to use much. It also has a strong smell, so some people don't like it.

## ㉘ あんどん

　「行灯・行燈」を「あんどん」と読むのは唐宋音で（ちなみに行列の行は呉音、行動の行は漢音です）、元来は移動の際に使われていたのでこの字が使われたそうです。のちに移動用は提灯が主流になり、行燈は部屋に据え置くもののみを指すようになりました。

・あんどんは＝オイルランプ＜覆われた／ランプシェードを伴って＜作られた／木や竹の枠と紙で＞＞。

・「あん」は意味している／「行く」を、そして「どん」は意味している／「ランプ」を、だからあんどんは元々意味していた／「ランタン」を。
・〜のあとで／提灯、日本の紙ランタンが／なった／人気がある状態に、あんどんは単に意味した／ランプを＜置かれる／部屋の中に＞

〔日本人の解答例〕

An *andon* is an oil lamp covered with a lampshade made of a wood or bamboo frame and paper. "*An*" means "go" and "*don*" means "lamp," so "*andon*" originally meant "lantern."After *chochin*, Japanese paper lanterns became popular, *andon* only meant lamps placed in rooms.

**N** 🔊 55 An *andon* is a traditional oil lamp. There's a little bowl with oil on the inside, and it has a bamboo and paper covering. The light it makes is soft and beautiful.

## ㉙ こけし

　こけしは東北地方の郷土玩具で、ろくろ（potter's wheel）で作った丸い頭と円筒形の胴を持つ木製の人形です。多くは童女を表し、その起源については諸説あります。こけしは土湯系・弥治郎系など 10 または 11 の系統に分かれるそうです。手足がないことは、without arms and legs や with no limbs などとも言えます。

・こけしは＝木製の女性の人形＜頭と胴体のみを伴った＞。
・頭は＜典型的なこけしの＞＝球体／そして体は＝円筒。
・こけしは作られる／ろくろを使って／そして／人々が＜㊟ その人たちは訪れた／温泉を＜東北地方の＞／治療するために／病を＞／買った／それらを／土産として。

〔日本人の解答例〕

A *kokeshi* is a wooden female doll with only a head and body. The head of a typical *kokeshi* is a sphere, and the body is a cylinder. *Kokeshi* are made with a potter's wheel, and people who visited hot springs in the Tohoku region to cure their illnesses bought them as souvenirs.

Ⓝ◀56 A *kokeshi* is a traditional wooden doll. It's very simple—just a sphere for the head and a cylinder for the body. The face is painted on, and there are designs painted on the body. *Kokeshi* originally came from the Tohoku region.

## ㉚ はんこ

はんこは書物や文書などを印刷して発行することを意味する「版行」（はんこう）から転じたものと言われます。印鑑は欧米では官公庁や企業、大学などで公文書に使われるぐらいで、個人は直筆で署名します。また、欧米の印鑑（seal）は紙だけではなく、粘土に押印したりします。通常の印鑑は多くがカゼインプラスチックで作られています。つまり、三文判の素材は牛乳なのです！ 脱ハンコの掛け声はあるもの、まだまだはんこの出番はあるようです。

・はんこは＝印鑑<使われる／押印するために／あなたの名前を／文書に>。
・日本では／印鑑が／ふつう使われている／署名の代わりに。
・それらの多くは／作られている／カゼインプラスチックで、そしてそれは／作られている／牛乳から。
・私たちは使う／実印（*jitsuin*）を、そしてそれは意味している／公的に登録された印鑑を、重要な公式文書の用紙や契約のために。

〔日本人の解答例〕

A *hanko* is a seal used to stamp your name on documents. In Japan, seals are usually used in place of signatures. Many of them are made of casein plastic, which is made from milk. We use *jitsuin*, which are officially registered seals, for important forms and contracts.

**N 57 An *inkan* is a traditional name stamp. It is often used instead of a signature.**

## Unit 6 定義する

### Question 次の文を英語にしてみましょう。

**㉛ 除夜の鐘**

**㉜ しゃちほこ**

**㉝ 日直**

**㉞ 肝試し**

**㉟ 棟上（むねあ）げ**

**㊱ 土下座**

Unit 6 定義する **Question**の解答例と解説

### ㉛ 除夜の鐘

　除夜とは大晦日の夜を意味し、108 の煩悩を取り除き、新年を迎える意味を込めて各地の寺で大晦日の夜 12 時をはさんで 108 回鐘を撞（つ）きます。煩悩とは、仏教で、心身を悩ませ、煩わせ、苦しめる一切の欲望や他者への怒りや憎しみなどを意味します。なお、野球のボールの縫い目も 108 あります。

・除夜の鐘は＝寺鐘撞き＜正月のイブの＞。
・仏教僧たちが撞く／鐘を＜彼らの寺の＞／108 回／免れるため／心配事、怒り、憎しみ、嫉妬、そしてその他のよくない [ ネガティブな ] ことから／そして願う／幸福な新年を求めて。
・仏教においては、それは言われている／ということが／ある／108 のそのようなよくないものが。

〔日本人の解答例〕

*Joya-no-kane* is the temple bell striking on New Year's Eve. Buddhist monks strike the bell of their temples 108 times to get rid of worries, anger, hatred, jealousy, and other negative things, and wish for a happy new year. In Buddhism, it is said that there are 108 such negative things.

**N◀»58** *Joya-no-kane* is the ringing of a temple bell on New Year's Eve. The bell is rung 108 times. Buddhism says there are 108 negative feelings, and ringing the bell chases them out before the New Year begins.

### ㉜ しゃちほこ

　しゃちほこは想像上の海獣で、鯱や鯱鉾と書かれます。全体は魚に似てい

ますが、頭は虎や竜に似ており、背には鋭いとげがあって尾は空に向かって反り返っています。火除けのまじないとされ、建物が火事の際には水を噴き出して火を消すと言われ、城の屋根や家の大棟に置かれます。「想像上の」は imaginary、「方向に向いている」は point、「屋根の棟」は roof ridge です。

・しゃちほこ＝想像上の海の生き物。
・それは見える／魚のように／しかしその頭は見える／それ（頭）のように＜虎や竜の＞。
・しゃちほこは／よく置かれた／それらの尾を伴って／方向に向いている／上向きの／両端の上に＜屋根の棟の＜城の＞＞／祈るために／ゼロの火事を求めて。

〔日本人の解答例〕

Ⓝ ward off fires のほうが自然です。

A *shachihoko* is an imaginary sea creature. It looks like a fish but its head looks like that of a tiger or a dragon. *Shachihoko* were often placed with their tails pointing upward on both ends of the roof ridge of castles to <u>pray for no fire</u>.

Ⓝ 🔊59 A *shachihoko* is an imaginary sea creature. It has the head of a dragon and the body of a fish. You often see *shachihoko* roof ornaments on Japanese castles. In the old days, people thought they brought rain and prevented fires.

## ㉝ 日直

　日直は英語では day duty や class duty と言いますが、day duty は「日勤」という意味もあり、それだけでは理解してもらえないかもしれません。日直は主に小中学校の当番制を指すと考えて、授業開始・終了の号令、黒板ふき、教室移動の際の消灯、下校時の窓閉めと施錠、日直日記の記入などの業務内容を伝えるとよいでしょう。「〜するのを交替でする」は take turns -ing と言います。

・小学校や中学校、そして時として高校において、生徒たちは交替である

[順番を引き受ける]／～の担当であることを、例えば、きれいにすること／黒板を、消すこと／電灯を／出るとき／ホームルームを、書き入れること／クラス日誌に、そして閉めること／ドアや窓を／出る前に／学校を。

・生徒たちは＜担当する／これらの日課を＞／呼ばれる／日直と。

〔日本人の解答例〕

In elementary and junior high schools, and sometimes senior high schools, students take turns being in charge of, for example, cleaning the blackboard, turning off the lights when leaving homeroom, writing in the class diary, and closing the doors and windows before leaving school. The students in charge of those chores are called *nitchoku*.

N 60 **In Japanese schools, students take turns doing daily chores like cleaning the board and closing the windows. The chores and the students who do them are called *nitchoku*.**

## ㉞ 肝試し

肝試しと聞くと、中高時代を思い出す人が多いのではないでしょうか。夏休みにキャンプに行くと必ずだれかが肝試しを提案しますよね。怖いけれどなぜか楽しかった、どさくさに紛れて好きな子の腕をつかんだなどの思い出に浸る人は少なくないのでは。オンラインショッピングのサイトでは、驚くほどの多様な肝試しグッズが販売されています。

・肝試しは＝テスト＜人の勇気の＞。
・それは＝伝統的なゲーム＜夏の＞／日本では。
・私たちがキャンプに行っているとき、私たちはよくテストする／私たちの勇気を／歩くことによって／気味の悪い場所を通り抜けて＜墓場のような＞／夜に。
・ある／様々な肝試し関連のグッズが＜売られている／オンラインで＞。

〔日本人の解答例〕

*Kimodameshi* is a test of one's courage. It's a traditional game in summer in Japan. When we go camping, we often test our courage by walking through a spooky place like a graveyard at night. There are various *kimodameshi*-related goods sold online.

N 61 **A *kimodameshi* is a test of courage. It's a traditional summer activity in Japan similar to a dare game in the West. When camping, people might walk into a scary place like a graveyard or an empty house.**

## ㉟ 棟上げ

棟上げは家を建てる際に、柱や梁などを組み立て骨組みを完成するために、その上に棟木を上げることと、その儀式を意味しており、イギリスやイギリス連邦諸国のtopping outとよく似ています。柱はpillarで土台に垂直であり、その上に横に乗せる棟木がbeamですが、知らない場合は和文和訳します。骨組みはframeworkです。

・棟上げは意味している／置くこと／最後の１本の木材を／一番上に＜骨組みの＜新しい家の＞＞。
・その言葉はまた言及しています／儀式に＜催される／そのときに＞。
・いくつかの地域では、所有者とその家族が＜その新しい家の＞／投げます／餅を／上から。
・もし皆さんが＝幸運、皆さんは見つけるでしょう／硬貨を／餅の中に＜皆さんがキャッチする＞。

N means to place でも通じますが、refers to placing のほうがより自然です。

〔日本人の解答例〕

*Muneage* <u>means to place</u> the last piece of wood on the top of the framework of a new house. The word also refers to the ritual held at that time. In some areas, the owner and family of the new house throw rice cakes from above. If you are lucky, you will find a coin in the rice cake you catch.

*Muneage* means putting up the last piece of the framework when a new house is built. It's sometimes called "raising the ridgepole." A ceremony, which is also called *muneage*, is held when the ridgepole goes up. Sometimes the owner stands on the roof and throws rice cakes to people below.

## ㊱ 土下座

　土下座は相手に恭順の意を表すため、文字通り土の上にひざまずいて深く頭を下げることを意味していますが、最近は床の上で行っても土下座と言うようになり、謝罪や請願を表します。ひざまずくは kneel down、請願、懇願は entreaty や pleading ですが、思いつかない場合は「手と膝の上に降りる」や「リクエスト」などと和文和訳します。

・土下座は意味している／下に行くことを／あなたの手と膝の上に／そして謝罪することを／頭を伴って／地面もしくは床の上に。
・過去においては／人々はした／土下座を／人々に対して＜より高い地位（ランク）の＞、しかし最近では／することは／土下座を／示している／最も誠実な謝罪もしくは懇願を。

〔日本人の解答例〕

*Dogeza* means to go down on your hands and knees and apologize with the head on the ground or the floor. In the past people did *dogeza* to people of higher ranks, but these days doing *dogeza* shows the sincerest apology or entreaty.

*Dogeza* refers to going down on your hands and knees and apologizing with your head on the ground or floor. In the past, people did *dogeza* to people of higher ranks, but these days a *dogeza* represents a sincere apology or the act of pleading.

# Chapter 4

# 四文字熟語を英語にする

## Question 1

次の文を英語にしてみましょう。

❶ 私は職場で四面楚歌のような気がする。

❷ ビジネスは弱肉強食の世界だからね。

❸ 我々は今暗中模索しています。

❹ 彼らは初対面で意気投合した。

❺ サッカー日本代表はピッチを縦横無尽に走り回った。

❻ うちの社長は朝令暮改で困る。

# Question **1** の解答例と解説

### ❶ 私は職場で四面楚歌のような気がする。

　「四面楚歌」とは、楚の項羽が垓下（がいか）というところで漢の劉邦の軍に囲まれたとき、深夜四面の漢軍が盛んに楚の歌を歌うのを聞き、楚の民がすべて漢に降伏してしまったと驚き嘆いたという故事からきた表現。四方を敵に囲まれ、助けもなく孤立することや、周囲の者が反対者ばかりであることを意味しています。

　したがって、この文は「職場の全員が私に反対しているように思う」や「私は職場で孤立していると感じる」、「私はオフィスで四方敵に囲まれているような気がする」、「私はオフィスで私のサイドの人を0人持っているような気がする」などと言い換えることができます。

〔日本人の解答例〕

🛡I think everyone at my workplace is against me.

・I feel I'm isolated in my workplace.

・I feel like I'm surrounded by enemies on all sides in my office.

・I feel like I have no one on my side in my office.

**N**◀)**64**　・I don't get along with anyone in my workplace.

　　　・I don't think my coworkers like me very much.

### ❷ ビジネスは弱肉強食の世界だからね。

　「弱肉強食」とは、弱者が強者の餌食となることや、弱者の犠牲によって強者が繁栄することを表します。この文は「ビジネスは〜世界だ」という形になっていますが、Business is a world where... で始めるとやや不自然な感じがします。「ビジネスにおいては」として、文全体では「最も強

いものだけがビジネスでは生き残る」などとするとよいでしょう。

　また、prey on... を使って、「ビジネスでは、強いものが弱いものを餌食とする」としたり、the law of the jungle や、「犬が犬を食らう」というdog-eat-dog などを使って「ジャングルの掟がビジネスでは広がっている」や「我々は犬が犬を食らうビジネス界で生きている」などとすると弱肉強食のニュアンスを表せますね。

〔日本人の解答例〕

🔖 Only the strongest survive in business.
・In business, the strong prey on the weak.
・The law of the jungle prevails in business.
・We live in a dog-eat-dog business world.

**N** 🔊 64　・Business is dog-eat-dog.
　　　　・In business, the strong prey on the weak.
　　　　・It's a cut-throat business.
　　　　・Business is cut-throat.
　　　　・In business, it's survival of the fittest.

**❸ 我々は今暗中模索しています。**

　「暗中模索」とは、暗闇の中で手探りで何かを探すことを意味し、転じて手がかりがないままに、いろいろと問題や危機的状況の打開策を試みることを意味します。文字通り手さぐりで何かを探すときには grope for... を使いますが、それを思いつかない場合は、「私たちは問題を解決しようと試みていますが、依然として暗闇の中にいます」や「私たちは今解決策（出口）を見つけようとしています」などとします。また、新しいことをしようと考えているけれど、なかなか思いつかない場合は「私たちは何をしたらいいか途方に暮れている」とすることもできますね。「私たちは解決策を探していますが、私たちは大海原にいます」という言い方や、「我々は解決法

を探して今暗闇を手探りで進んでいます」という言い方もあります。

〔日本人の解答例〕

📘 We are trying to solve the problem, but we are still in the dark.

・We are trying to find a way out now.
・We are at a loss as to what to do.
・We are looking for a solution, but we are (all) at sea.
・We are now groping in the dark searching for a solution.

**N** at sea の代わりに out to sea という言い方もあります。

**N** 🔊**64**
・We aren't sure what we should do (next).
・We are considering our next step.
・We have hit a wall.
・We are all out to sea.

### ❹ 彼らは初対面で意気投合した。

「意気投合」するとは、互いの気持ちがぴったりと合って仲良くなることを意味していますので、「彼らは会うやいなやお互いが好きになった」とすると簡単に表せます。また、get along を使って、「彼らは最初からうまくいった」とする方法もあります。

「意気投合」に最も近い表現は、hit it off です。hit it off は「出会うやいなやお互いが気に入る」ことを表しますので、これをそのまま使って「彼らはすぐにお互いのことが好きになった」とする方法もあります。

その他には、好相性のスイッチがカチッと入るというニュアンスの click を使って、「彼らはただちにクリックした」と言い換えても、「意気投合」を表すことができます。

〔日本人の解答例〕

📘 They liked each other as soon as they met.

- They got along (well) from the start.
- They hit it off right away.
- They clicked straightaway.

**N ◁))64**
- They're meant for each other.
- They became instant friends.

⑤ サッカー日本代表はピッチを縦横無尽に走り回った。

「縦横」は「縦と横」から転じて思いのままに振る舞うことを、「無尽」は、限りがないことを表します。最も近い表現は「自由に」や「活発に」などとなりますので、「日本のサッカーチームのための選手たちはフィールドを活発に走り回った」や、「日本の国代表のサッカー選手たちはフィールド上を自由に走り回った」などとします。

「国代表の」は national で表します。「ピッチ」はサッカーやホッケーの競技場を表しますが、アメリカでは field が一般的です。ピッチを使ってこの文をイギリス的に言うと、「日本のインターナショナル・フットボールチームはピッチ中を走った」などとなるでしょうか。

〔日本人の解答例〕

🔰 The players for the Japanese soccer team ran around the field actively [ran around actively on the field].

- The national soccer players of Japan ran around freely on the field.

- The Japan international football team ran all around the pitch.

**N ◁))64**
- The Japanese team [players] raced [hustled] around the field.
- The Japanese players were running freely around the field.

**❻ うちの社長は朝令暮改で困る。**

「朝令暮改」の出典は漢書の「食貨志上」で、その日の朝に命令を出しても、夕方には変更するのであてにならない、という意味です。この文を和文和訳すると、「我々の社長は鬱陶しい／なぜならば彼は言うことを簡単に変えるからだ」や、「我々は社長によって困らせられている。彼が午後に言うことは彼が午前に言うこととよく異なる」などとなります。

「矛盾する、一致しない」という意味の inconsistent や「変わりやすい、一定しない、気まぐれな」という意味の fickle を使う方法もありますが、「問題は我々の会社の社長があまりにも度々ポリシーを変更することだ」や、「我々は頻繁にポリシーを変える社長によって悩まされている」などとすると、それらの語を知らなくても伝わりそうですね。

〔日本人の解答例〕

🔰 Our president is annoying because he changes what he says easily.

・We are troubled by our president. What he says in the afternoon is often different from what he says in the morning.

・The trouble is that the president of our company changes his policy too often.

・We are annoyed by our president frequently changing his policy.

**N 📢64**　・Our president changes his mind over night.
　　　　・Our president is very fickle [indecisive].

# Question 2

次の文を英語にしてみましょう。

❼ 彼は何をしても三日坊主だ。

❽ 八方美人のどこが悪いんだ。

❾ 私のモットーは一球入魂です。

❿ 私たちは一蓮托生です。

⓫ 彼は挙動不審だ。

⓬ 我々は物見遊山でここに来たわけではない。

# Question **2** の解答例と解説

**❼ 彼は何をしても三日坊主だ。**

「坊主」は他の語に添えて親しみやあざけりの意味を表す語で、「三日坊主」は飽きやすく何をしても永続きしないことや、そういう人を意味します。

したがって、この文を最も簡単に和文和訳すると、「彼は簡単に飽きてしまう」となります。また、「困難なことを続ける、頑張り抜く、ひっつく」という意味の動詞 stick を使って「彼は何事も頑張り抜くことができない」としたり、「彼はすることをなんでもやり続けることができない」や、「彼はたとえどんなことをしようとも簡単に諦める」などと言うことができます。

〔日本人の解答例〕

📘 He gets bored easily.

・He can't stick with anything.

・He can't keep doing whatever he does.

・He gives up easily no matter what he does.

**N** 🔊 **65** ・He never finishes what he starts.

・He's a quitter.

**❽ 八方美人のどこが悪いんだ。**

「八方」とは東西南北(四方)と北東・北西・南東・南西(四隅)の八方向を示し、「八方美人」はどの方向から見ても難点のない美人、転じてだれからも悪く思われないように愛想よくつきあう人を表します。

八方美人という言葉は否定的なニュアンスを含みますので、「どこが悪いんだ」は非難され開き直って反論したと考えると、「はい、私はだれに対

してもとてもフレンドリーですよ。それの何が間違ってるの？」などと和文和訳できますね。

　他には、「みんなを喜ばせようとすることについて何が間違っているのだ？」、「みんなに素敵なことを言うことについて伴って何が間違っているのだ？」、「人々を喜ばせる人であることについて何がそんなに悪いのだ？」などとします。

〔日本人の解答例〕

🔖 Yes, I am very friendly to everyone. What's wrong with that?

・What's wrong about trying to please everybody?

・What's wrong with saying nice things to everyone?

・What's so bad about being a people pleaser?

[N◀))65] ・Yeah, I'm friendly. So what?

　　　・What's wrong with being nice?

　　　・Never hurts to be nice [friendly].


### ❾ 私のモットーは一球入魂です。

　「一球入魂」とは、学生野球の父と呼ばれる飛田穂洲の造語で、投手が一球一球に精神を集中して全力を傾けることを意味します。ビジネスなどの場でも、「どのような場面でも魂を込める」という意味で使われます。

　これを言い換えると、「私が今やらなければならないことに対してベストを尽くすこと」や、「目の前のタスクに集中する」などとなりますので、それらを My motto is のあとに続けます。

　また、文字通り訳して「すべての投球に対して自分のすべてをぶつける（与える）」や、「私の魂のすべてを伴って働く」などと言い換える方法もあります。「私は心と魂を自分の仕事の中に置くよう心がけている（ルールと

している)」としてもいいですね。

〔日本人の解答例〕

📖My motto is to do my best at what I have to do now.

・My motto is to concentrate on the task in front of me.

・My motto is "Give my all to every pitch."

・My motto is to work with all my soul.

・I make it a rule to put my heart and soul into my work.

**N**🔊**65** ・**My motto is to take everything one day at a time.**

・**My motto is to focus on the present.**

・**Focus on the task at hand.**

### ⑩ 私たちは一蓮托生です。

「一蓮」は「ひとつの蓮（ハス）の花」という意味で、死後、極楽浄土に生まれ変わる人が座ると言われます。浄土の仏様は神聖な蓮の花の座にいると言われ、ご存じのように仏像も蓮の花を台座として安置されます。「托生」は、そこに生命を託することを意味していますので、「一蓮托生」とは、結果はどうなろうと人と行動や運命をともにするという意味で使われます。

これを和文和訳すると、「私たちは同じ運命をシェアしています」や、「私たちは一緒に行動し、共通の運命をシェアしています」などとなります。また、「私たちは同じ舟に乗っている」としても、運命をともにしていることが表せますね。

〔日本人の解答例〕

📖We share the same fate.

・We act together and share a common destiny.

・We are in the same boat.

・We're in the same situation.
・All we have is each other.

**⓫ 彼は挙動不審だ。**

　「挙動不審」は行動や様子があやしいことを意味していますので、「彼は疑わしい人物だ」や「彼の振る舞いは疑わしい」などとするとよいでしょう。また、「行儀、態度、作法、仕方」を表す名詞 manner を使って、「彼は疑わしい態度で振る舞う」とする方法もあります。

　「疑わしい」が思い浮かばなければ、「彼は変な行動をしている」とします。この場合の「変な」は「奇妙な」という意味で、「行動する」という動詞とセットで使うと副詞となりますので、「彼は／行動している／奇妙に」となります。

　そのあとに「私は彼がよくないことをしていると思う」を加えてもよいでしょう。現在形と現在進行形は文脈によって使い分けてください。

〔日本人の解答例〕

📘 He is a suspicious person.

・His behavior is suspicious.

・He behaves in a suspicious manner.

・He is acting strange. I think he is doing something wrong.

・Something is up with him.
・He is acting suspicious.
・Something is strange [shady] about him.

**⓬ 我々は物見遊山でここに来たわけではない。**

　「物見」は文字通り見学をすること、「遊山」は野山で遊ぶことを意味しますので、「物見遊山」は気晴らしに外出してあちこち見物して遊びまわることを表します。

　「ここに来る」は文字通り訳してもいいですし、「ここにいる」という表現も使えます。これを和文和訳すると、「私たちはビジネスをするためにここに来たのだ」などとなります。また、「これは遠足ではない。出張なのだ」や、「我々は楽しみのためにここに来たのではない」、「我々は観光を楽しむためにここにいるわけではない」、あるいは「我々は仕事でここにいるわけであって、娯楽（喜び）のためではない」などが考えられます。

〔日本人の解答例〕

- We came here to do business.
- This is not an excursion. It's a business trip.
- We didn't come here for fun.
- We are not here to enjoy sightseeing.
- We are here on business, not (for) pleasure.

[N ◀))65]
- We aren't here for fun and games.
- We're here for work, not pleasure.
- This isn't a vacation.
- Let's get down to business.

次の文を英語にしてみましょう。

⑬ 何ごとも先手必勝ですよ。

⑭ 彼は何があっても泰然自若としている。

⑮ 彼女は何をしても中途半端なことはしない。

⑯ 日本の英語教育は旧態依然としている。

⑰ 女性が家を守らないといけないなんて
時代錯誤も甚だしい。

⑱ コロナウィルスのせいで資金繰りに四苦八苦
している。

# Question 3 の解答例と解説

**⑬ 何ごとも先手必勝ですよ。**

「先手必勝」は、勝負事では、先手を取れば必ず勝てる状況になることを表します。この文のポイントは「何ごとも」です。これを「常に」と言い換えて、「早くスタートすることは、勝つためには常に重要だ」や「他の人たちが始める前に始めるのは常にベストだ」とするのはどうでしょうか。

また、「あなたがするどんなことにも伴って、イニシアティブを取りなさい、そうすればあなたは勝つ」や、「あなたがどんなことをしようとも、リードを取りなさい、そうすればあなたは勝つ」、「あなたが何をしようとも、最初の一撃は戦いの半分だ[半分勝ったも同然だ](half the battle)」などの和文和訳が考えられます。

〔日本人の解答例〕

・Starting early is always important for winning.
・It's always best to start before others do.
・With anything you do, take the initiative, and you will win.
・No matter what you do, take the lead, and you will win.
・Whatever you do, the first blow is half the battle.

N ◀)) 66
・The early bird gets the worm.
・Be ahead of the pack.
・Always get a head start.

**⑭ 彼は何があっても泰然自若としている。**

「泰然」は、落ち着いて物事に動じない安らかな様子を、「自若」は大事に直面しても落ち着きを失わずどっしりとしている様子を表します。これを

英語で表すには「冷静な、穏やかな」という形容詞を使います。

　文全体では、「彼はいかなる状況でも冷静さを保つ」や「たとえどんなことが起ころうとも、彼は冷静なままでいる」と言い換えたり、「何が起ころうとも、彼は決して慌てない」としたりします。「自制心を持った、冷静な」という意味の composed を使って、「何が来ようとも、彼は冷静なままでいる」と言い換えてもいいですね。

〔日本人の解答例〕

🔖 He keeps calm in any situation.
・No matter what happens, he stays calm.
・Whatever happens, he never gets upset.
・Come what may, he stays composed.

Ⓝ🔊66 ・He always keeps his cool.
　　　・Nothing fazes him.
　　　・He is very composed.

⓯ 彼女は何をしても中途半端なことはしない。

　「中途」は道の半ばを、「半端」はどっちつかずの状態ではっきりしないことを表し、合わせて始めた物事が完了しないでいることを表します。そこで「完了しないことはない」という意味で肯定文にして、「彼女は全てのことを最後までやる」や「彼女はたとえどんなことをしようとも、それを完了させる」、などとします。また、「徹底的な、完全な、几帳面な、細部までていねいな」という形容詞 thorough を使って、「彼女はやることすべてについて徹底的だ」とすることもできます。「中途半端なことをしない」を文字通り否定文で表すには、「彼女はどんなことも中間であきらめたりはしない」や「彼女は何をしても、それを終わっていない状態にしたままにはしない」などとします。

〔日本人の解答例〕

📖 She does everything to the end.

・No matter what she does, she completes it.

・She is thorough about everything she does.

・She never gives up on anything halfway (through).

・Whatever she does, she never leaves it unfinished.

**N ◄)) 66** ・She is always thorough.

・She is meticulous.

・She doesn't take any half measures.

・She never stops halfway.

⑯ 日本の英語教育は旧態依然としている。

　「旧態」は昔のままの状態、「依然」は前と変わらないことを表しますので、「旧態依然」は昔のままで、変化や進歩、発展がないさまを表します。この文を和文和訳すると、「日本で英語を教えることは、進歩していない [以前よりよくなっていない]」や「日本の英語教育は旧式だ [不変だ]」、「日本における英語教授は不変のままだ」などとします。また、「～するのと同様に」という意味の接続詞 as を使って、「日本における英語教育は／依然としてまったく同様だ／それが以前そうであったのと」とすると、英文のレベルが上がります。

〔日本人の解答例〕

📖 Teaching English in Japan hasn't improved [hasn't become better than before].

・English education in Japan is old-fashioned [unchanged].

・English teaching in Japan remains unchanged.

・English language education in Japan is still just as it was before.

· Japanese English education is slow to improve.
· English language education is behind.

**⑰ 女性が家を守らないといけないなんて時代錯誤も甚だしい。**

「時代錯誤」は「時代遅れ」と、「家を守る」は「家事と子育てに専念する」などと言い換えてみましょう。housewife は家に隷属するイメージがあり、homemaker はそれより politically correct な表現です。

この文全体は同格の that を使って「その考えは＜という／女性はホームメイカーであるべきだという＞／完全に時代遅れだ」や「それは法外に時代遅れだ／考えること／女性はフルタイムの主婦でなければならないと」などと和文和訳したり、「女性はフルタイムで専念すべき／家事をすることと子どもの面倒を見ることに／それはひどく古くさい考えだ」と２文に分けたり、「考えることは／家事と子育ては女性の仕事だと／＝ひどいアナクロニズム」としたりするのも候補です。

〔日本人の解答例〕

🔖 The idea that women should be homemakers is completely outdated.

· It's outrageously out of date to think that women must be full-time housewives.

· Women should devote themselves full-time to housekeeping and taking care of the children?  That's a terribly old-fashioned idea.

· To think housekeeping and child-rearing are women's jobs is a terrible anachronism.

· Gender roles are changing. Thinking that women need to stay in the kitchen is outdated.

· Thinking that women need to stay home is old-fashioned.

- Assuming that housekeeping and childrearing are a woman's job is wrong.

**⑱ コロナウィルスのせいで資金繰りに四苦八苦している。**

　仏教では生・老・病・死が「四苦」、それに愛する人と別れる苦しみ、憎む人に会う苦しみ、求めているものを得られない苦しみ、心身を形成する五つの要素から生じる苦しみを加えたものを「八苦」と言います。この文全体を和文和訳すると、「我々の会社は財政的に困っている／コロナウィルスのせいで」や、「我々は資金と格闘している／コロナウィルスの蔓延のせいで」、「コロナウィルスは私たちにファイナンシングにおける困難を引き起こした」、「我々の会社は深刻なキャッシュフローの問題を抱えている／感染爆発が原因で」などとなります。

〔日本人の解答例〕

🛡 Our company is financially in trouble because of the coronavirus.

- We are struggling with funds because of the spread of the coronavirus.
- The coronavirus has caused us difficulty in financing.
- Our company is having a serious cash-flow problem due to the spread of the coronavirus.

**N ◀)) 66**
- Our company is struggling financially due to the pandemic.
- We're tight financially because of the pandemic.

## Question 4

次の文を英語にしてみましょう。

⑲ 今の政界は百鬼夜行だね。

⑳ 彼は意気揚々と試合から帰ってきた。

㉑ 日本人は以心伝心だからね。

㉒ 彼は大器晩成型の相撲取りだ。

㉓ それは我が社にとって起死回生の商品となった。

㉔ 彼はいつも奇想天外なアイディアを出してくる。

# **Question 4** の解答例と解説

⑲ **今の政界は百鬼夜行だね。**

　「百鬼夜行」とは、様々な化け物が夜歩き回ることを意味し、多くの人が不正行為や奇怪な行動を公然と行っているのに、だれも怪しまない、無秩序な状態を表します。この文は「最近、他の政治家の悪事を正す政治家がほとんどいない」と言い換えることができますね。悪事を正すは「間違いを正しくする」という反意語を使います。「正す」という動詞は「正しい」という形容詞 right と同じです。他には、「政界では今、間違った行いが許されたり無視されたりする」、「現在の政界では、だれも他人の恥ずべき行動を指摘しない」、「現在の政界は完全に無秩序な状態だ／たくさんの不正を伴って」などとします。「恥ずべき」はスキャンダルの形容詞 scandalous を使います。

〔日本人の解答例〕

🔰 These days, there are few politicians who right the wrongs of other politicians.

・In political circles now, wrongdoing is forgiven or ignored.

・In the present political world, no one points out the scandalous behavior of others.

・The current political world is completely chaotic with a lot of wrongdoing.

**N** ◀))**67**　・Politicians don't hold each other accountable.

　　　　・Politicians look the other way when there's a scandal.

⑳ **彼は意気揚々と試合から帰ってきた。**

　「意気揚々」は得意で誇りに満ちた様子を表しますので、Part 4 Chapter 1 の 44 番（*p*.151）で扱った「どや顔」とよく似ていますね。ただ、どや顔

265

は「うぬぼれが強い」というネガティブなニュアンスがあります。この文を和文和訳すると、「彼は試合から帰ってきたとき、誇らしげに見えた」などとなります。また、「勝利、大成功、勝利の喜び」という意味の（凱旋門の英語表現に見られる語）名詞 triumph を使って、「彼は試合のあと勝利の喜びの中で帰ってきた」としたり、その名詞を副詞にして「彼は試合に勝ったあとで勝ち誇って帰ってきた」と言い換えたり、「彼は試合に勝ったあと上機嫌（Part 4, Chapter 2, Unit 2 の 17 p.173 参照）で戻ってきた」とすることもできます。

〔日本人の解答例〕

📘 When he came back from the game, he looked proud.
・He returned in triumph after the game.
・He came back triumphantly after winning the game.
・He returned in high spirits after winning the game.

**Ⓝ ◀))67** ・He was on cloud nine after winning the game.
・He was beside himself after winning the game.
・There was a spring in his step after winning the game.

**㉑ 日本人は以心伝心だからね。**

「以心伝心」は「心を以って心に伝ふ」と読み、釈迦が入滅するとき、弟子の迦葉（かしょう）に対してその教えを心から心へと無言のうちに伝えたことから、言葉や文字を用いることなく、心から心へ仏法の真理を伝えることを意味します。一般に、言葉を使うことなくても互いに気持ちが通じ合うことを表します。

したがって、この文を和文和訳すると、「日本人はテレパシーでコミュニケーションがとれるんですよね」や「日本人はお互いの心が読めるんですよね」、あるいは「日本人は言葉なくしてお互いを理解する能力を持っていると思われるんですよ」などとなります。

なお、この文は、周知の事実について同意を求めているニュアンスがあるので、文末に「知っての通り、〜ですよね」を表す2語 you know を加えることもできます。

〔日本人の解答例〕

📙Japanese people can communicate by telepathy, you know.
・Japanese people can read each other's mind, you know.
・Japanese people seem to have the ability to understand each other without language.

**N◀)) 67** ・Japanese people seem to always be on the same page.
・Japanese people all seem to be on the same wavelength.

### ㉒ 彼は大器晩成型の相撲取りだ。

「大器晩成」の出典は「老子」です。「大器」は鐘のような大きな器のことを表し、そこから転じて偉大な人物のことを言います。「晩成」は遅くできあがることを表しています。

「大器晩成型の相撲取り」は、「相撲取りとしては、彼は遅咲きの人だと思う」などと言い換えます。また、「彼は遅く花咲く相撲取りのように思える」や「彼は遅く花咲くタイプの相撲取りだと思う」と言い換えることもできます。

関係代名詞所有格 whose を使って「彼はその才能が発達するのが遅かった相撲取りです」としたり、「彼は"偉大な才能は遅く熟す"ということわざがフィットする相撲取りです」などと和文和訳することもできますね。

なお、この文は期待を込めて言っていると考える場合、is を使いますが、晩成した人であれば was を使います。

〔日本人の解答例〕

🔖As a sumo wrestler, I think he is a late bloomer.

・He seems to be a late blooming sumo wrestler.

・I think he is a late-bloomer type of sumo wrestler.

・He is a sumo wrestler whose talent was slow to develop.

・He is a sumo wrestler who fits the saying, "Great talents mature late."

**N ◀)) 67** ・That sumo wrestler took a while to blossom.

・It took him a while to get his sumo career off the ground.

・That sumo wrestler was a late boomer.

---

**㉓ それは我が社にとって起死回生の商品となった。**

「起死回生」とは、「起死」も「回生」も死人を再び生き返らせることを意味しています。絶望的な状態にある物事やほとんど手のつけようもないほど衰えてしまったものを再び盛んにすることを意味しています。

「その商品は〜になった」を become を使って表すと不自然になりますので、「その商品(プロダクト)は我々の会社を救った」や「その商品を伴って、私たちの会社は財政危機からリカバーした」などと和文和訳します。赤字から黒字に転換したことを表すのであれば、「私たちの会社はその商品を伴って黒字に転じた(〜の中へと移動した)」とすることもできます。また、「瀬戸際」を表す brink を使って、「その商品は我々を破産の瀬戸際から引き戻してくれた」とするのも一案です。

〔日本人の解答例〕

🔖The product saved our company.

・With the product, our company recovered from the financial crisis.

· Our company moved into the black with the product.
· The product pulled us back from the brink of bankruptcy.

**N** 📢**67** · The product put us back in the black.
· The product turned everything around.

**㉔ 彼はいつも奇想天外なアイディアを出してくる。**

「奇想天外」は「奇想天外より落つ」「奇想天外より来る」の略で、「奇想」、つまり奇抜な着想が「天外」、はるかに遠いところからやってくるという意味であり、普通では考えつかないほど発想が奇抜であることを表します。この文の最も簡単な和文和訳としては、「彼はいつもユニークな考えを持っている」などが考えられます。また、「彼は常にまったく予期もしないアイディアを伴ってやってくる」や、「彼の奇抜なアイディアは常に私たちを驚かせる」、「毎回彼があるアイディアを言う（共有する）と、それは他のだれも思いつくことができなかったものである」などとします。なお、「奇抜な」は「小説」と同じ単語です。

〔日本人の解答例〕

📖 He always has unique ideas.
· He always comes up with totally unexpected ideas.
· His novel ideas always surprise us.
· Every time he shares an idea, it's something that no one else could have thought of.

**N** 📢**67** · He always comes up with [has] great ideas.
· He's always such an idea man.

# Question **5**

次の文を英語にしてみましょう。

---

㉕ それは本末転倒だ。

---

㉖ 今日のプレゼンは自画自賛できるレベルだった。

---

㉗ 彼女は才色兼備でうらやましい。

---

㉘ 優柔不断は嫌われるよ。

---

㉙ 人は千差万別だから適材適所の発想が必要だ。

---

㉚ 彼は言行一致していないところが欠点だ。

# Question 5 の解答例と解説

㉕ それは本末転倒だ。

「本末転倒」の「本末」とは根本と末節のことであり、先にすべきものと後回しにすべきもの、重要なものとそうでないものを取り違え、優先順位を間違ってしまうことを表します。

本末転倒しているのが話し相手だとすると、「それはあなたが今やっているべきことではない」や「それはあなたが今することになっていることではない」とすることができます。

また、「どれが優先事項かを正しく見極める」という熟語 get one's priority right の「正しく」を「間違って」に変えて、「あなたはあなたの優先すべきことを間違った状態にしている」としたり、「あなたはあなたの優先順位を置き間違っている」などと和文和訳することができます。また、「それは馬の前に荷馬車を置くようなものだ」とすると、「あなた」に限らず、だれに対しても使えます。

〔日本人の解答例〕
🛡That's not what you should be doing now.
・That's not what you're supposed to do now.
・You're getting your priorities wrong.
・You're misplacing your priorities.
・It's [That's] like putting the cart before the horse.

🅝�))68 ・That comes later.
・First things first.

㉖ 今日のプレゼンは自画自賛できるレベルだった。

「自賛」は、自分で自分を讃えることを意味しています。「自画自賛できるレベルだった」は「レベル」という言葉にこだわらずに和文和訳したほうがいいと思います。

　最も簡単に言うと、「今日の自分のプレゼンにとてもハッピーだ」となります。また、「今日のプレゼンテーションは私自身をほめるのに十分なほどよかった」などが考えられます。

　また、そのほかには、「私は自分自身を誇りに思う／今日自分のプレゼンテーションでうまくやったことに対して」としたり、「私は自分の背中をなでて（自分を褒めて）やりたいと思う／私の今日のプレゼンテーションに対して」というイディオムを使うのも一案です。

〔日本人の解答例〕
📘 I'm very happy with my presentation today.
・Today's presentation was good enough to praise myself.
・I am proud of myself for doing well on my presentation today.
・I want to pat myself on the back for my presentation today.

Ⓝ ◖◗68 ・I'm proud of my presentation today.
　　　　・I'm happy with how my presentation went.
　　　　・I feel really good about my presentation.
　　　　・I feel like patting myself on the back after today's presentation.

🔳27 **彼女は才色兼備でうらやましい。**

　「才色兼備」は主に女性について、優れた才能と美しい容姿とを兼ね備えていることを意味しています。したがってこの文は、「うらやんでいる状態」という形容詞 envious と「〜のことを」という前置詞 of を使って、「私は彼女の知性と美しさをうらやましく思っている」と言い換えることができます。また、「嫉妬している状態」jealous という形容詞を使って、「私は

彼女のことを嫉妬している／なぜならば彼女は知的でもあり美しくもあり その両方だから」とすることもできます。

　そのほかにも、「私は彼女を妬んでいる／知的であるだけでなく美しく もあることに対して」や、仮定法を使って「私は彼女のように頭がよくて美 しかったらよいのだが」と和文和訳する方法もあります。

〔日本人の解答例〕

・I am envious of her intelligence and beauty.
・I am jealous of her because she is both intelligent and beautiful.
・I envy her for being not only intelligent but also beautiful.
・I wish I was smart and beautiful like her.

**N 68** She has it all. I'm jealous.


**28 優柔不断は嫌われるよ。**

　「優柔」は、思い切りが悪く、ぐずぐずしていて煮え切らないこと、「不断」 は決断できないことを表します。「嫌う」は hate ですが、相手にアドバイ スを送る場合、hate よりは柔らかい表現を使って「もしあなたがそのよう に決心する（心に決める）ことができなければ、人々はあなたのことを好き にならないよ」とするとよいでしょう。

　また、「decide できない」という意味の形容詞に ness をつけた名詞 indecisiveness を使って「あなたの決定できなさは人々をイライラさせる かもしれない」と言い換えたり、ly をつけて副詞にして、「もしあなたがそ のように決定できずに行動するならば、それはイライラさせるもの（形容詞） かもしれない」などとします。

　また、「煮え切らない（wishy-washy）ままだと、友だちをなくすよ」な ども候補です。

🛡 If you can't (ever) make up your mind like that, people won't like you.

· Your indecisiveness may irritate people.

· If you behave indecisively like that, it might be irritating.

· You will lose friends if you keep being wishy-washy.

**N 📢 68** · Your fickleness could annoy people.

· People might find that [your indecisiveness] annoying.

---

**㉙ 人は千差万別だから適材適所の発想が必要だ。**

「千差万別」は様々な差異や種別があることを意味し、「適材適所」は各人の能力や適性を見極めてその人にふさわしい地位や仕事につけることを意味します。

「発想が必要だ」は工夫が必要ですね。この文全体で、「皆が違う、だから我々は考える必要がある／だれがその仕事にベストフィットかについて」などと言い換えてはどうでしょうか。また、「人々は異なる、だから我々は正しい人を正しい場所の中に置く必要がある」としたり、「正しい人を正しいポストに割り当てることは必要だ／なぜならば人々は異なる強みを持っているから」などと和文和訳したりすることができますね。

🛡 Everybody is different, so we need to think about who is the best fit for the job.

· People vary, so we need to put the right person in the right place.

· Assigning the right person to the right post is necessary because people have different strengths.

**N 📢 68** · It is necessary to try assigning the right person

to the right job because we all have different
strengths.
- Everybody has their strengths, so we should (try to) utilize those strengths.
- People should be placed in jobs that bring out the best in them.

**㉚ 彼は言行一致していないところが欠点だ。**

「言行一致」は言葉と行動が一致することですから、この文は「彼がやることはしょっちゅう彼が言うことと異なる。それは彼の弱点だと思う」や「彼に伴う問題（欠点）は／彼はひとつのことを言い／そしてもうひとつ他のことをすることだ」などとすると中学レベルの語句と文で表せます。

また、「彼の短所のひとつは彼の言葉が行動と符合（賛成）しないことだ」としたり、「一致した、調和した」という形容詞を使って、「彼の振る舞いは言葉と一致していない。それが彼の性格の傷だ」とする案もあります。

〔日本人の解答例〕
🔖 What he does is often different from what he says. I think it's his weak point.
- The trouble with him is that he says one thing and does another.
- One of his shortcomings is that his words don't agree with his actions.
- His behavior is not consistent with his words. That's a flaw in his character.

**N** �»**68** ・His problem is he says one thing and does another [the other].
- He never puts his words into action.
- He never does what he says.

# ある高校生の日記から

　ここからは、岩手県大槌町の高校生だったAさんが書いた英文日記からの抜粋です。瑞々しい感性を持ち、豊かな発想をする明るい女性で、今読んでもたまらない魅力を感じます。ぜひ彼女の日記からの抜粋とその英訳をお楽しみください。

## Question 1

次の文を英語にしてみましょう。

❶ 彼女がいると笑いが絶えません。

❷ 大事な時期に準備ができなかったせいで、今になって焦っています。

❸ 毎日不安ですが、受験とはこういうものなのだろう。

❹ 私は元々筆圧が人よりあり、Hの芯を使っていても2Bの濃さを出せます。

❺ 中指にたこができています。

❻ マストの中にあるアルゴというお店のたこ焼きがたまらなくおいしいです。

# Question **1** の解答例と解説

## ❶ 彼女がいると笑いが絶えません。

　そういう人が近くにいるといいですよね。その存在が温かく、一緒にいるだけで楽しい人でしょうから、「笑い」だけですますのはもったいないと思います。

　「彼女はいつも私たちを笑わせる／そして私たちを幸せにする」、「彼女が私たちと一緒にいるとき、私たちはいつも笑い／そして微笑む」、「私たちの教室はいつも笑いと幸福に満ちている／彼女が私たちと一緒にいるとき」、「私たちが彼女と一緒にいるとき、私たちは微笑んだり笑ったりすることを止めることができない」、「彼女はいつも私たちの教室を満たしてくれる／喜びと笑いで」などと和文和訳すると、Aさんが言いたかったことが伝わるのではないでしょうか。

〔日本人の解答例〕

 She always makes us laugh and makes us happy.
・When she is with us, we always laugh and smile.
・Our classroom is always full of laughter and happiness when she is with us.
・When we are with her, we can't stop smiling and laughing.
・She always fills our classroom with joy and laughter.

 N◀69 She's really fun to be around. She always makes us laugh.

## ❷ 大事な時期に準備ができなかったせいで、今になって焦っています。

　大事な時期に体育祭や文化祭の準備などがあり、やりたくてもできなかったことを表すには didn't より couldn't ですね。「今になって」は

finally などもありますが、そのまま「今」でよいでしょう。「大事な時期」は important time とすると不自然ですので、工夫が必要です。この文は「副詞＋ enough」を使って、「私は十分一生懸命に勉強することができなかった／大学入試に向けて／やるべきだったとき、だから私は今心配している」としたり、「私は今不安に感じる／なぜならば私は十分に準備をしなかったから／大学入試に向けて／私がする必要があったとき」としたり、「私は今不安だ／なぜならば私は逃してしまったから／機会を＜大学入試に向けて準備するための＞」などと和文和訳します。

〔日本人の解答例〕

📖I couldn't study hard enough for college entrance examinations when I should have, so I'm worried now.

・I feel anxious now because I didn't prepare enough for college entrance exams when I needed to.

・I'm nervous [uneasy] now because I missed the chance to prepare for college exams.

**N**◀️**69** ・I feel anxious now because I couldn't do enough preparation for college entrance exams when I needed to.

・I didn't study enough when I really needed to, so I'm feeling nervous now.

### ❸ 毎日不安ですが、受験とはこういうものなのだろう。

「不安」を表す語は、uneasy や worried、anxious などがありますが、大学入試を前にした受験生の気持ちですから、「緊張する」でもよいでしょう。この文を最も簡単に和文和訳すると、「私は毎日緊張しています、しかし皆が同じように感じると思います／大学入試前には」などとなります。その他の候補としては、「私は毎日不安に感じる、しかしこれがおそらくどのように皆が感じるかだろう／大学入試の前に」や、「私は毎日心配な気

持ちになる、しかし私は推測します／これが大学入試の準備がどのような
ものであるか」などが考えられますね。

〔日本人の解答例〕

📌 I am nervous every day, but I think everyone feels the same before college entrance examinations.

· I feel uneasy every day, but this is probably how everyone feels before college entrance exams.

· I feel anxious every day, but I guess this is what preparing for college entrance examinations is like.

**N ◀)) 69** · I feel uneasy every day, but this is probably how all students feel before college entrance exams.

· I've been really nervous. I guess everyone feels like that before entrance exams.

---

**❹ 私は元々筆圧が人よりあり、Hの芯を使っていても2Bの濃さを出せます。**

この文は最高ですね！ 鉛筆の濃さを表す B は Black、H は Hard、F は Firm の頭文字です。この文を和文和訳すると、「私は生まれつき [ 自然に ] 友だちよりも濃く書く。私が H の鉛筆を使って書くとき、それは同じくらい濃い／私の友だちの書いたものと／彼らが 2B の鉛筆を使ったときに」や、「圧力は＜私が鉛筆の上に置く／私が書くときに＞＝いつも他の人より多い、だから H の鉛筆を伴っても、私は同じくらい濃く書くことができる／2B の鉛筆を伴ったのと」、「私は生来（自然に）他の人より圧力を加えてしまう、だから私は 2B の鉛筆の濃さを生み出せる／H のペンを伴っても」などとなります。

〔日本人の解答例〕

📌 I naturally write darker than my friends. When I write with an H pencil, it's as dark as my friends' writing when they use a 2B pencil.

- The pressure I put on my pencil when I write is always more than other people, so with an H pencil, I can write as dark as with a 2B pencil.
- I naturally apply more pressure than other people, so I can produce the darkness of a 2B pencil with an H pencil.

**N ◀)) 69**
- I naturally put more pressure on my pencil than other people, so I can produce the darkness of a 2B pencil even if I use an H pencil.
- When I write, I press down hard on my pencil, so my writing with an H pencil is as dark as most people's writing with a 2B pencil.

**❺ 中指にたこができています。**

　指にたこができてしまうのは、筆圧が高い人の宿命かもしれませんね。4番とこの5番の作文を見たときには、思わず笑ってしまいました。この文は、「私の中指に厚くて固い皮膚の部分がある」などと表せますね。「中指に」は中指の上にたこがあることを表していますので、in ではなく on を使います。丸いたこができていたら、「こぶ、隆起」という意味の名詞を使って、「私の中指に固くて丸い小さなこぶがある」と伝えてはどうでしょうか。callus という単語を知っていたら、「中指に callus がある」とすればいいですね。なお、足指にできるたこやうおのめのことは corn と言います。「魚の目」と「トウモロコシ」の違いも面白いですね。

〔日本人の解答例〕
🔖There is an area of thick, hard skin on my middle finger.
- There is a hard round little bump on my middle finger.
- There is a callus on my middle finger.

**N 69 I have a callus on my middle finger.**

**6 マストの中にあるアルゴというお店のたこ焼きがたまらなくおいしいです。**

　大学の教養英語で学生に英作文をさせると必ずと言っていいほど間違うのが、修飾語の場所です。いわゆる後置修飾ですが、多くの学生が前置修飾にしてしまうのです。

　「マストの中にあるアルゴのたこ焼き」も後置修飾が2カ所あります。「たまらなく」を「とても」に置き換えると、この文は「私は／たこ焼きが＜アルゴで売られている＜マストの中の＞＞／とても好きだ」とすることができます。「たまらなく」を「絶対に、まったく」という表現に代えて、「たこ焼き＜アルゴで売られている＜マストの中の＞＞／＝絶対においしい」とすることもできます。アルゴとマストを説明して、さらに表現のレベルを上げると、「～に勝るものはない[何も打ち負かさない]／アルゴで売られているたこ焼きを、ショッピングセンターであるマストの中にある店」となります。

〔日本人の解答例〕

🔖 I like the *takoyaki* sold at Arugo in Mast so much.

・The *takoyaki* sold at Arugo in Mast is absolutely delicious.

・Nothing beats the *takoyaki* sold at Arugo, a shop in the shopping mall Mast.

**N 69** ・The *takoyaki* at Arugo in Mast is absolutely delicious.

・I really like the *takoyaki* at Arugo. It's a shop in Mast.

# Question **2**

次の文を英語にしてみましょう。

⑦ 締めにリゾットを食べました。

⑧ 最近、ダイエットに対してやる気が起こりません。

⑨ たぶん、体が疲れていて食べ物を欲しているのかもしれません。

⑩ ストレスを抱えたくないので、ほどよく食べようと思います。

⑪ いつも考えすぎて時間がぎりぎりなのに、今日は決断力が冴えてて時間が余りました。

⑫ 自己採点をしたらいつもより全体的によかったです。

# Question **2** の解答例と解説

**❼ 締めにリゾットを食べました。**

　「締め」とは、食事でいろいろ飲食したあと、これで終わりとする食べ物のことを言いますので、「私はその食事の最後の料理としてリゾットをいただいた」とするとていねいですね。「仕上げる」という意味のイディオムとしては、finish off や finish up がありますので、それらを使って「私はリゾットを食べた／その食事を仕上げるために」とすることもできます。

　eat は「食べる」動作を想像させますが、have は eat ほど直接的ではなく、drink の意味も表せます。

　なお、飲んだあとの締めのラーメンは、I had ramen to finish off the night. や I ate ramen after drinking to call it a night. （私は飲んだあとにその夜をおしまいにするためにラーメンを食べた）などと表します。

〔日本人の解答例〕

📖I had risotto as the last dish of the meal [course].
・I had risotto to finish up the meal.
・I ate risotto to finish off the meal.

**N◝70** ・I had risotto to finish up the meal.
　　　・I had risotto as the finale.
　　　・I finished off the meal with risotto.

**❽ 最近、ダイエットに対してやる気が起こりません。**

　「ダイエットを始める」のは go on a diet、「ダイエットしている」は be on a diet です。この文は、「私はダイエットすることにトライした、しかしそのモチベーションを欠いている／最近は」とすると、中学レベルの

英語で表せます。また、「私は気分（mood）ではない／ダイエットをする／最近」や、「私は最近ダイエットをしたい気がしない」、「私は動機付けることができない／自分自身を／ダイエットすることに対して／最近」と和文和訳したりすることも考えられます。「どういうわけか、何となく（somehow）」を加えて、「なぜか私は固く決意した気分にならない／ダイエットをするという／最近」とするのも一案です。

〔日本人の解答例〕

🔖 I tried to be on a diet, but I lack the motivation these days.

・I'm not in the mood to be on a diet these days.

・I don't feel like being on a diet these days.

・I can't motivate myself to be on a diet these days.

・Somehow I don't feel determined to be on a diet these days.

**N ◀)70** ・I can't motivate myself to keep up my diet these days.

・I haven't been feeling very motivated to stay on my diet.

・I'm not really motivated to diet these days.

❾ たぶん、体が疲れていて食べ物を欲しているのかもしれません。

　実はこの文は8番の文の続きで、さらにその間に「自分でもなんでかわかりません」という文がありました。ですから、この文を言い換えると、「ひょっとするとそれは／なぜならば私がとても疲れていて、そして私の体が食べ物〔栄養〕をほしいと思っている〔必要としている〕から」となるのではないかと思われます。この場合の「たぶん」は確信のほどはかなり低いので、perhaps や maybe を使うとよいでしょう。また、「私は肉体疲労があり、そして私は感じている／まるで体がせかしているように／私に／何か食べるようにと」と和文和訳する方法も考えられます。

〔日本人の解答例〕

🔰 Maybe it's because I'm very tired and my body wants food.

・ Perhaps it's because I'm so tired that my body needs nourishment.

・ I have physical fatigue, and I feel as if my body is urging me to eat something.

**N◀))70** I've been tired lately, so maybe my body is telling me it needs food.

⓪ ストレスを抱えたくないので、ほどよく食べようと思います。

　これも、先ほどの続きの文です。なかなかダイエットする気が起こらないが、無理してダイエットしてストレスを抱えるよりも、適度に食べたほうがいいと思うという意味ですので、最も簡単に和文和訳すると、「私は感じたくない/ストレスがあると、だから私は適度に食べます」などとなるでしょう。また、「私はありたくない/ストレスのたまった状態に、だから私は食べます/ちょうど適切な程度まで」としてもいいですね。この文をさらにかみ砕いて説明すると、「私はストレス下にはいたくないので＜㊟ それはダイエットすることから生じる＞、私は食べようかなと思っている/節度の中で（適度に）（in moderation [moderately]）」などとなります。

〔日本人の解答例〕

🔰 I don't want to feel stressed, so I will eat moderately.

・ I don't want to be stressed out, so I will eat to just the right extent.

・ Since I don't want to be under the stress that comes from being on a diet, I think I'm just going to eat in moderation.

**N�))70** It isn't good to feel stressed all the time, so I'm going to let myself eat a little more.

**⑪** いつも考えすぎて時間がぎりぎりなのに、今日は決断力が冴えてて時間が余りました。

　この文を和文和訳すると、「私はいつも考える／答えについて／最後の1分まで、しかし今日は私の頭がよく働いた、そして私はベルが鳴る前に終えた」などとなります。また、「私はいつも答えについて考える／最後の1分に到るまで、しかし今日私は素早かった／決断をするのに、そして私は終えた／かなり早く」としたり、「〜を伴ってやってくる＝思いつく」というイディオムを使って、「私はいつも答えを思いつく／最後の瞬間に、しかし今日は私の決断はとても素早かった、そして私はいくらか余った時間を持った／試験が終わる前に」などとしたりする案もあります。

〔日本人の解答例〕

🗡 I always think about the answers until the last minute, but today my mind worked well, and I finished before the bell rang.

・I always think about the answers up to the last minute, but today I was quick to make decisions, and I finished pretty early.

・I always come up with the answers at the last moment, but today my decisions were very quick, and I had some extra time before the exam finished.

**N�))00** ・I always take until the last minute to come up with answers, but today I was quick to decide and I finished pretty early.

　　・I usually take the entire exam period, but today my mind was working quickly and I finished early.

**⑫ 自己採点をしたらいつもより全体的によかったです。**

　「採点する」は grade（主に米）や mark（主に英）と言います。「全体的に」をどう言うかですね。そこを考慮して和文和訳すると、「私は自分自身のテスト用紙を採点した、そして私のトータルスコアは普段よりよかった／総合で／普段より」や、「私は自分自身の解答用紙を採点した、そしてスコアが普段よりよかった／全体として」などとなります。また、「自己採点」を直訳して、「私は自己採点を行った／そしてスコアはよりよかった／総合で／普段より」としてもよいでしょう。この場合の「総合で」は「胸当てつきの上着とズボンが続いている作業服」と同じ語 overall です。

〔日本人の解答例〕

📖 I graded my own test papers, and my total score was better than usual.

・I marked my own answer sheets, and the scores were better than usual as a whole.

・I did self-marking [self-grading] and the scores were better overall than usual.

🅝 ◦)) 70 I marked my own answer sheets, and the scores were better than usual [as a whole / on the whole].

# Question 3

次の文を英語にしてみましょう。

⑬ 灰色のカーディガンを買おうか迷ったけど買いませんでした。

⑭ 昨日買おうか迷っていた服を買ってしまいました。肌触りがとてもいいのですが、その代わり金欠です。しばらくお金を使わない生活をします。

⑮ その映画を見て命の大切さを考えさせられました。

⑯ 小栗旬のかっこよさにやられました。

⑰ 長文以外が点数を取ることができません。

⑱ どこから手をつけていいかわからないので教えてください。

# Question 3 の解答例と解説

⓭ 灰色のカーディガンを買おうか迷ったけど買いませんでした。

　買おうかどうか迷ったということは、買いたいという気もあったということですから、「ある店に灰色のカーディガンがあった。私はそれを買いたいと思ったが、諦めた」と和文和訳できますね。また、「私は思った、"私はこのカーディガンを買うべき？" でも、私はそれを買わなかった」や、「私はあれこれ思いを巡らせた／買うべきかどうか／ある灰色のカーディガンを＜私が見つけた／ある店で＞、でもしなかった（買わなかった）」などや、「～に関して迷う、心が揺れ動く」という意味の waver on [over] という表現を使って、「私は迷った／ある灰色のカーディガンを買うかどうかに関して。私は結局それを買わなかった」と言い換えることもできます。

〔日本人の解答例〕

🌷 There was a gray cardigan in a shop. I wanted to buy it, but I gave up.

・I thought, "Should I buy this gray cardigan?" But I didn't buy it.

・I wondered if I should buy a gray cardigan I found at a shop, but I didn't.

・I wavered on whether to buy a gray cardigan. I didn't buy it after all.

**N**◀)71 ・There was a gray cardigan in a shop. I wanted to buy it, but I decided not to.

・I wavered about whether to buy a gray cardigan. I didn't buy it in the end.

・There was a gray cardigan I liked and I was thinking about getting it, but I didn't.

**⑭** 昨日買おうか迷っていた服を買ってしまいました。肌触りがとてもいいのですが、その代わり金欠です。しばらくお金を使わない生活をします。

　この服は 13 番のカーディガンです。これを和文和訳すると、「私は買った／カーディガンを＜私が躊躇した／買うことを／昨日＞。それはさわり心地が本当にいい、しかし私は今お金を持っていない。私はお金を使わないぞ／しばらくの間」や、13 で紹介した waver や「親指と人差し指でペニー硬貨を挟む」という意味で、「できるだけ節約する」ことを表す pinch pennies というイディオムを使って、「私は今日カーディガンを買った＜私が昨日買おうかどうか迷った＞。それは nice で soft な手触りがする（Ａさんの日記の英語ではこうなっていました）、しかしその代わり私は今文無しだ。私はしばらくの間ペニー硬貨を親指と人差し指で挟む（節約する（pinch penny））ぞ」などとなります。

〔日本人の解答例〕

🔰 I bought the cardigan I hesitated to buy yesterday. It feels really good, but I don't have money now. I won't spend money for a while.

・I bought the cardigan today that I wavered on whether to buy yesterday. It feels nice and soft, but I'm broke now. I will pinch pennies for a while.

**N 🔊71** I bought the cardigan I was looking at yesterday. It feels nice and soft and I really like it, but now I'm broke. I'll have to save my money for a while.

**⑮** その映画を見て命の大切さを考えさせられました。

　Ａさんは友だちと映画館に行って『ホットロード』という映画を見て号泣し、I was thought about important life by "Hot Road." と書いていました。残念ながら think には「考えさせる」という他動詞がないので、ここでは「私

はその映画を見たあと、命の大切さについて考えた」と言い換えます。

　また、「その映画は私に命の価値について考えさせた」と使役動詞を使って言う方法もあります。その他には、「その映画を見たあと、私は考えずにはいられなかった／どれだけ命が貴重であるかについて」なども候補です。なお、映画を家で DVD などで見るときは watch a movie です。(go) see a movie は映画館などへ映画を見に行くことを意味しています。

〔日本人の解答例〕

🔖 After I saw the movie, I thought about the importance of life.

・The movie made me think about the value of life.

・After seeing the movie, I couldn't [can't] help thinking about how precious life is.

**N �))71** The movie really brought home how precious life is.

### ⑯ 小栗旬のかっこよさにやられました。

　私はこの文にやられました。小栗旬や浅野忠信、綾野剛、玉山鉄二、黒木メイサなどが出演した、実写版『ルパン三世』を A さんが見たときの感想ですが、どう訳したものか、かなり悩みました。最も簡単に和文和訳すると、「小栗旬はとてもかっこよかったので、私は恋に落ちてしまいました」ぐらいでしょうか。あるいは、「私は小栗旬に魅了させられた／なぜならば彼はとてもかっこいいから」や、さらに強い表現ならば「私は小栗旬のかっこよさに打ちのめされた」などが考えられます。イディオムを使うと、「私は完全に連れて行かれた（つかまえられた（taken））／小栗旬のかっこよさによって」や「私は引かれた（drawn）／小栗旬と彼の魅力のほうへ」などと表すことができます。

〔日本人の解答例〕

🔖 Oguri Shun was so cool that I fell in love with him.

· I was fascinated by Oguri Shun because he is so cool.
· I was overcome by the coolness of Shun Oguri.
· I was completely taken by Oguri Shun's coolness.
· I was drawn toward Oguri Shun and his attractiveness.

**N �»71** · **I was overwhelmed by the coolness of Shun Oguri.**
      · **I was overwhelmed by how cool Shun Oguri was.**

## ⑰ 長文以外が点数を取ることができません。

　長文問題で点が取れるってすごいですよね。長文問題は reading comprehension question ですが、a long-passage reading question でも通じます。passage は小説などから抜粋した一部を指す言葉です。

　全体としては、「私は長い一節のリーディングテストは得意だが、他は得意ではない」としたり、「私は読解力問題に関しては点が取れる、しかし私はできない／他のどんなものにおいても」としたり、「私は何に関しても点数を取ることができない、読解力問題を除いては」としたり、あるいは「私はよいスコアを取ることができない／どんなものに関しても＜読解力問題以外の＞」などとします。「〜以外」は「〜より他の（other than）」というイディオムを使います。

〔日本人の解答例〕

🛡 I'm good at long-passage reading questions, but not others.

· I can get points for reading comprehension questions, but I can't in anything else.

· I can't get points for anything, except for reading comprehension questions.

· I can't get a good score on anything other than reading comprehension questions.

**N◀)71**
- I'm good at long-passage reading questions, but not at other questions.
- I can't get a good score on anything other than reading comprehension questions.
- I do well on the long passage reading section, but not so well on the other sections.

**⑱ どこから手をつけていいかわからないので教えてください。**

　これは、17番の文に続くもので、長文問題以外で点を取れないので、どこから手をつければいいか知りたいという意味です。ですから、これを最も簡単な表現に言い換えると、「何を最初にすればよいか教えてください」となるでしょう。また、「私はわからない／どのタイプの問題を伴ってスタートすべきか、だから私に知らせてください」と言い換えることもできますね。その他には、「私に教えてくださいませんか／何を私は最初にすべきか／その問題を解決するために？」や、「どうか私に教えてくださいませんか／何に取り組めばいいか／私の点数を向上させるために？」などと和文和訳してはどうでしょうか。

〔日本人の解答例〕

🔖 Please tell me what to do first.

- I don't know which type of questions I should start with, so please let me know.
- Could you tell me what I should do first to solve the problem?
- Could you please tell me what to tackle to improve my scores?

**N◀)71** Could you give me advice about how to improve my test scores? Where should I start?

# Question 4

次の文を英語にしてみましょう。

⑲ 課外活動を休んで整骨院に行ったのに閉まっていて、やるせない気持ちでいっぱいでした。

⑳ 私は昨日から朝5時30分に起きてウォーキングを始めました。なぜなら19日の文化祭で少女時代の「Gee」を踊る際にスキニーをはかなければならないかもしれないから。

㉑ そのために下半身ダイエットを2週間ほどやろうと思ったからです。

㉒ 朝早く起きているため、夜9時になると睡魔に襲われます。

㉓ 最近みんなから「痩せたね！」と言われます。とても嬉しいです。

㉔ この調子で文化祭まで－1kg頑張ります！

# Question 4 の解答例と解説

⑲ 課外活動を休んで整骨院に行ったのに閉まっていて、やるせない
気持ちでいっぱいでした。

　Aさんは背中に痛みがあったので、この文は「私は放課後の活動に行か
なかった／そしてクリニックに行った／なぜならば私は背中の痛みを持っ
ていた。しかしそのクリニックは閉まっていた／そして私はとても悲しかっ
た」や、「私は放課後の活動をスキップした／そして整体師のところに行っ
た、しかしそのクリニックは閉まっていた／そして私はとても失望した」、
「私は課外活動から休息を取り／そして osteopathic clinic に行った、し
かしそれは閉まっており／私はみじめな気持ちになった」などと和文和訳
します。

〔日本人の解答例〕

🛡 I didn't go to after-school activities and went to the clinic
because I had back pain. But the clinic was closed and I
was very sad.

・I skipped my after-school activities and went to the
chiropractor, but the clinic was closed and I was very
disappointed.

・I took a break from my extracurricular activities and went
to the osteopathic clinic, but it was closed and I felt
miserable.

**N�») 72** My back was hurting, so I skipped club activities
to go to the clinic, but it was closed. I was really
annoyed.

⑳ 私は昨日から朝5時30分に起きてウォーキングを始めました。
なぜなら19日の文化祭で少女時代の「Gee」を踊る際にスキニー
をはかなければならないかもしれないから。

「スキニー」はそのままでは通じませんので、「私は起きることを始めた／
5時半に／そして散歩する、なぜならば私は着ないといけないかも知れな
い／スリムなパンツを／私が踊るとき／少女時代の "Gee" に合わせて／
文化祭で／19日の」や、「私は始めた／起きることを／a.m.5時半に／散
歩に行くために。これは＝なぜならば／私は着ないといけないかもしれな
いから／"スキニー" を、そしてそれはとても細いジーンズ、私が踊ると
き／少女時代による "Gee" に合わせて／文化祭で／19日に」などとします。

〔日本人の解答例〕

📘 I started to get up at five thirty and take a walk because
I may have to wear slim pants when I dance to Shoji-
jidai's "Gee" at the culture festival on the 19th.

· I started getting up at five thirty a.m. to go for a walk.　This
is because I may have to wear "skinny", which is very slim
jeans, when I dance to "Gee" by Shoji-jidai at the culture
festival on the 19th.

**N ◀)72** I'm going to dance (to Shoji-jidai's song "Gee") at the
culture festival on the 19th. I might have to wear skinny-
leg pants for the performance, so I started getting up at
five-thirty every morning to take a walk.

**㉑ そのために下半身ダイエットを2週間ほどやろうと思ったからです。**

　これは20番に続く文で、だから朝の散歩を始めたということです。「下
半身ダイエット」は直訳すると不自然な表現になりますので、下半身とい
う表現を使わずに同じ意味を表すには、「そして私は思った／私はいくらか
運動をすべきだ／2週間／十分スリムになるために／そのパンツをはく
ために」などと言い換えます。「下半身」という表現を使う場合は、「だから
私は運動することを決意した／2週間／そして減らすことにトライするこ
とを／体重＜下半身の＞を」や、「だから私はいくらか運動することを決意

296

した／２週間／贅肉を取り除くために／私の下半身の上にある」などとします。なお、贅肉は flab と言います。

〔日本人の解答例〕

🔰And I thought I should do some exercise for two weeks to become slim enough to wear the pants.

・So I decided to exercise for two weeks and try to lose weight in my lower body.

・So I decided to do some exercise for two weeks to get rid of the flab on my lower body.

**N📢72** ・So I decided to exercise for two weeks and try to lose weight in my lower body.

・So I decided to exercise for two weeks to make my lower body slimmer.

・I also decided to exercise for two weeks to slim down my lower body.

㉒ 朝早く起きているため、夜９時になると睡魔に襲われます。

　これを最も簡単に和文和訳すると、「私は朝とても早く起きているので、私は夜の９時になると眠くなる」となります。また、『なぜ』の場所で分詞構文を使い、それを文頭に移動して「朝とても早く起きるので、９時に襲われる／眠気を伴って」とするとほぼ直訳になります。「眠気」は「sleepy ＋名詞化する接尾辞」という名詞 sleepiness です。「襲われる」は「打ち負かされる、克服される」という動詞 overcome を使います。また、「早起きは三文の得」とほぼ同じ意味を表す英語のことわざの主語を使い、「現在私は早起きだ、だから眠りの精が私のところにやってくる／早くも９時に」とする方法もあります。

〔日本人の解答例〕

🔰Because I get up so early in the morning, I become sleepy at nine in the evening.

・Getting up so early in the morning, I'm overcome with sleepiness around 9 p.m.

> N この表現は古くてあまり使われません。

・I'm an early bird [a riser] now, so <u>the sandman comes to me</u> as early as at 9 p.m.

N ◀))72 ・Since I'm getting up so early in the morning, a wave of sleepiness hits me zt 9 p.m.

・I'm an early riser now, so I get extremely sleepy around nine at night.

㉓ 最近みんなから「痩せたね！」と言われます。とても嬉しいです。

「最近」に関しては、Part 4 Chapter 1 の 5（解説は p.114）をご参照ください。「みんな」は everyone でもかまいませんが、必ずしも出会う人全員が言うとは限らないので、my friends としてもほぼ同じ意味になると考えられます。文全体としては、「最近、全員が私に言う、『痩せたね！』、私はそれを聞いてとても嬉しい」などとします。「痩せたね！＝あなたは体重を減らしたね」は、それを言った人にとっては目の前にいる人の姿が過去と比較して変化したのを感じた瞬間の発言なので、現在完了形で表します。その他の和文和訳としては、「最近私の友だちがずっと言っている／私がいくらか体重を落とした、そしてそれはとてもいいことだ」や、「私は最近『痩せたね！』と友だちから聞き続けている。それは私を大いに喜ばせる」などが候補です。

〔日本人の解答例〕

🔖These days, everyone says to me, "You've lost weight!" I'm very happy to hear that.

・Lately my friends have been saying I've lost some weight, which is very nice.

- I've been hearing "You've lost weight!" from my friends lately. It pleases me a lot.

**N◀))72**
- Lately my friends have been saying, "You've lost some weight!" That makes me happy.
- My friends have been noticing that I've lost weight, which makes me happy.

## ㉔ この調子で文化祭まで−1kg頑張ります！

　「この調子で」はおそらく友だちに痩せたねと言われるぐらいのいい調子を続けてという意味だと思われます。したがって、この文は「私は朝の散歩を続けて、文化祭までに１キロ落とすぞ！」などと言い換えます。その他の和文和訳としては、「頑張れ、その調子だ！」などと相手を励ます keep it up を使って、「私は頑張ります／そして１キロ落とします／文化祭の前に！」や、「私はこのペースで行き続けます／そしてそれに私のすべてを与えます（全力を尽くします）／１キロ落とすために／文化祭までに」などが考えられます。皆さんも、この調子で英語学習を頑張ってくださいね！

〔日本人の解答例〕

- I'll keep walking in the mornings and lose one kilogram by the culture festival.
- I'll keep it up and lose one kilogram before the culture festival!
- I'll keep going at this pace and give it my all to lose one kilogram by the culture festival !

**N◀))72**
- I'll keep walking in the morning and lose one more kilogram by the culture festival.
- I'm going to keep it up. I'd like to lose a kilo [another kilo] by the time of the festival.

**【著者プロフィール】**

# 田尻悟郎 （たじり ごろう）

島根県松江市生まれ。関西大学外国語学部教授。2001年10月(財)語学教育研究所よりパーマー賞受賞。文部科学省学習指導要領改善協力者。『英文法　これが最後のやり直し！』(DHC)、『チャンツで楽習！　決定版』(NHK出版)など、著書多数。NHK総合テレビ『プロフェッショナル　仕事の流儀』など、テレビ出演も多数。2012年度〜2014年度 NHK Eテレ『テレビで基礎英語』講師。

# 知ってる英語で何でも話せる！ 発想転換トレーニング

2021年5月15日　第1版第1刷発行

著者：田尻悟郎

装丁・本文デザイン：松本田鶴子

表紙イラスト：あべゆきこ

校正：高橋清貴
英文作成・校正：Sonya Marshall、Sean McGee

本文写真：iStockphoto
本文イラスト：あべゆきこ、iStockphoto

ナレーション：ジョシュ・ケラー、アン・スレーター

発行人：坂本由子
発行所：コスモピア株式会社
　　　　〒151-0053　東京都渋谷区代々木 4-36-4　MCビル 2F

営業部：TEL: 03-5302-8378 email: mas@cosmopier.com
編集部：TEL: 03-5302-8379 email: editorial@cosmopier.com

https://www.cosmopier.com/　[コスモピア・全般]
https://www.e-st.cosmopier.com/　[コスモピアeステーション]
https://www.kids-ebc.com/　[子ども英語ブッククラブ]

印刷：シナノ印刷株式会社

## \\ 本誌のご意見・ご感想をお聞かせください！//

本書をお買い上げいただき、誠にありがとうございます。
今後の出版の参考にさせていただきたく、ぜひ、ご意見・ご
感想をお聞かせください。（PC またはスマートフォンで下記
のアンケートフォームよりお願いいたします）

アンケートにお答えいただいた方の中から抽選で毎月 10 名
の方に、コスモピア・オンラインショップ（https://www.
cosmopier.net/）でお使いいただける 500 円のクーポンを
差し上げます。
当選メールをもって発表にかえさせていただきます。

## https://forms.gle/SfTayeW8mo5jRNVW8

**まずは無料会員から**

無料会員登録をすると「読み放題」・「聞き放題」コースの
コンテンツを下記の条件でご利用いただけます。

★ 読み放題コース：Chapter 1 コンテンツを毎月3本まで
　 聞き放題コース：毎月5コンテンツまで

「読み放題＋聞き放題セット」コース月額 990 円 (税込) もあります。

---

**英語多聴ライブラリ　聞き放題コース** 毎月 550 円 (税込)

## さまざまなジャンルの英語音声約2700\*コンテンツが聞き放題！

「英語聞き放題」コースの学習の中心は「シャドーイング」です。ニュースや映画スターのインタビュー、会話のスキット、TOEIC 用教材などさまざまなジャンルの音声を教材に、自分で声を出すトレーニングを行うことで、リスニング力、スピーキング力向上につながります。

### 特長

- レッスンの中心はシャドーイング
  （リスニング & スピーキング力アップに効果あり）
- 厳選されたオリジナル教材多数
- 聞いた語数は自動でカウント
- 自分のシャドーイング音声を録音できる
- どんどん増えるコンテンツ
  （最新ニュースや動画付き学習素材、『多聴多読マガジン』のコンテンツなど）

音声タイプ（会話 / スピーチ / インタビュー）や、素材のジャンル（フィクション / ノンフィクション / ビジネス）をレベル別に検索できます。

トレーニング画面のイメージ。各コンテンツには、スクリプト、語注、訳がついています。

自分の音声を録音し、ダウンロードして、モデル音声と比較することができます。

シャドーイング画面では、スクリプトは表示されません。モデル音声だけを頼りに、まねをしてみましょう。

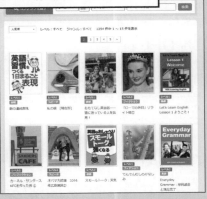

## ひとつの素材でこれだけトレーニングできる！

| リスニング | 意味チェック | 聞き読み | パラレル・リーディング | シャドーイング |
|---|---|---|---|---|
| ＊動画付きコンテンツもあり | ＊スクリプト、語注、訳 | ＊内容を理解しながら黙読 | ＊テキストを見ながら声に出す | ＊音声の後について声に出す |